Cuida tus plantas
para que ellas
cuiden de ti

NENA VON FLOW

Cuida tus plantas para que ellas cuiden de ti

DESPIERTA TU INSTINTO PLANTERNAL

Grijalbo

Papel certificado por el Forest Stewardship Council®

MIXTO
Papel procedente de fuentes responsables
FSC® C117695

Penguin Random House Grupo Editorial

Primera edición: marzo de 2022

Printed in Spain – Impreso en España

ISBN: 978-84-253-6150-0
Depósito legal: B-1.015-2022

Compuesto en M. I. Maquetación, S. L.

Impreso en Gómez Aparicio, S. L.
Casarrubuelos, Madrid

GR 6 1 5 0 A

A mi marido, Daniel, por sembrar en mí tanto amor

A mi hijo, Jon, porque sin duda él es mi mejor semilla

A mi gato, Paul Newman (#paulnewmancat),
que no sabe leer pero se merece todo y más

A ti, que me lees

ÍNDICE

OTOÑO

INVIERNO

INTRODUCCIÓN

Este libro es para que te plantes en él, germines y florezcas, pero siempre de una manera natural y auténtica, siendo tú mismo en todo momento; un *Anthurium clarinervium* no está pensando en ser una *Monstera deliciosa*.

El objetivo es que a través de las plantas te conozcas mejor, te cuides, te cultives, analices tus propios ritmos, te dejes llevar por ellos y consigas disfrutar de la paz que transmiten las plantas. Aprender un idioma nuevo con el que dar rienda suelta a los sentimientos, a las emociones y a las primeras veces.

Quiero que sientas, que te emociones, que conectes con tu yo interior, que te dediques tiempo y te alejes del ruido exterior... ¡Quiero despertar tu instinto planternal!

Siempre he deseado compartir, contagiar y transmitir el efecto tan beneficioso que tienen en mí las plantas para que así cada vez seamos más los que nos llenemos el corazón y el mundo de verde.

Despertar mi instinto planternal me cambió la vida; ojalá la lectura de este libro consiga inspirarte de algún modo para mejorar tu felicidad y tu paz interior.

Hace unos años, cuando empecé a interesarme por las plantas, ansiaba al mismo tiempo la soledad y la compañía. En esa época dedicaba mis días a la fotografía y tenía todo lo que creía necesitar para

ser feliz, pero me sentía sola y un poco perdida, tenía mucho amor que dar y a mis seres queridos muy lejos, anhelaba el contacto, el aquí y el ahora.

Todo fluye muy rápido a nuestro alrededor, y yo necesitaba parar en seco, enraizar, volver a sentir el presente, el momento, buscar nuevas sensaciones, algo por y para mí, reencontrarme con mi propio yo.

Empezó como un lienzo en blanco donde las plantas aportaban formas y colores preciosos, decoraban nuestro nuevo hogar y hacían que me sintiera más acompañada. Poco a poco, sin que me diera cuenta, me llevaron a entenderme, sentirme y conocerme más profundamente.

El cuidado de las plantas me ofreció un refugio para escapar del ruido exterior. Conseguían emocionarme y me mantenían despierta. Me enamoré perdidamente de ellas, caí rendida ante su magia y su belleza. Me volví más constante, más curiosa y más creativa. Sus raíces calaron hondo en mí y me aportaron conocimientos, ampliaron mis intereses y me dieron seguridad para emprender nuevos proyectos.

Me encanta la persona que soy cuando estoy con ellas.

Con las plantas he aprendido a comprender mis ciclos. Cuando te brindas la oportunidad de apagar el ruido y de conocerte, todo empieza a fluir a un ritmo diferente, al ritmo que tú marcas. Valoras las cosas desde otra perspectiva, tu mirada abarca mucho más, intentas ser más sostenible, más noble, más real, más tú.

Para tener un bonito jardín, primero debes cultivarte tú, conocer tu propio terreno y retarte a crear algo único y natural por y para ti.

En este libro encontrarás historias, emociones, trucos, consejos, curiosidades y recomendaciones sobre el buen cuidado de las plantas. También incluye un amplio abanico de actividades y manualidades en las que descubrirás al artista que hay en ti.

Está dividido en cuatro partes que corresponden a las cuatro estaciones y es una invitación a conectar contigo y con la naturaleza en cada una de ellas. Es un despliegue de *flow* para que disfrutes pasando tiempo de calidad contigo mismo. El pistoletazo de salida para inspirarte a construir nuevas versiones de tu tiempo. El despertar a una nueva afición. Un espacio para sentir, emocionarte y compartir.

Aprenderás a observar los ciclos, a vivir el proceso y disfrutarlo. Te aportará conocimientos y te permitirá dar rienda suelta a proyectos creativos de manualidades y reciclaje. Podrás hacer de él tu emocionario planternal, donde apuntar momentos, recuerdos y conclusiones.

Si has llegado hasta aquí es que eres un soñador y estás dispuesto a emocionarte, a hacer que brote en tu interior un yo más real, natural y auténtico, que cambiará tu percepción del mundo y tu manera de sentir. Entre saber y entender me quedo con sentir.

Flow

INSTINTO PLANTERNAL

El instinto planternal es un sentimiento que brota dentro de ti cuando te permites volver a conectar con tu parte más real y primitiva. Cuando te dejas abrazar por la madre naturaleza y te emocionas con la magia de los detalles. Cuando, a través de la observación, disfrutas y vives con ilusión cada avance y cada retroceso que te premian con conocimiento. Cuando das más valor al camino que al destino.

Se desarrolla poco a poco, observando las plantas a diario, conociendo sus ciclos y, sobre todo, respetándolos.

NECESIDADES BÁSICAS

No todas las plantas precisan exactamente de los mismos cuidados. Si quieres forjar una amistad con ellas, debes aprender a observarlas, cuidarlas y dedicarles tiempo. De esta forma te garantizo que no se te resistirán y sabrás cómo actuar y responder a sus necesidades.

Las plantas tienen casi las mismas exigencias básicas que los seres humanos.

Su HÁBITAT determina sus cuidados igual que la personalidad de cada uno de nosotros marca nuestros gustos e intereses.

El SOL, que estimula nuestras defensas y nos aporta vitamina D, es su fuente de energía para hacer la fotosíntesis.

La MACETA es para ellas lo que la ropa para nosotros: debe resultar cómoda (a nadie le gusta ir apretado) y adaptarse a la personalidad o el hábitat.

El SUSTRATO es como la comida, una alimentación variada nos mantiene sanos y fuertes.

El AGUA es fuente de vida para ellas y para nosotros.

Sus NUTRIENTES serían algo parecido a nuestro postre: a nadie le amarga un dulce, pero no se debe abusar de ellos aunque nos alegren el día.

Su PROPAGACIÓN es como nuestra reproducción, necesaria para la continuación de la especie.

La LIMPIEZA DE HOJAS (PODA) es como nuestro aseo personal, con el que nos demostramos cariño por nosotros mismos.

Las PLAGAS y DEFICIENCIAS son como nuestras enfermedades, hay que prevenirlas o tratarlas cuando aparezcan.

Su BUENA ENERGÍA es como nuestro amor, que nos llena el corazón y nos proporciona felicidad.

ANALIZA TUS ESPACIOS. CÓMO ESCOGER LA PLANTA ADECUADA

Cuando decides comprar una planta o llenar la casa con ellas, estás abriéndote al conocimiento y al inicio de una bonita amistad. Para lograrlo tienes que preocuparte por su bienestar y brindarles lo mejor de ti y, sin duda, también debes dedicarles parte de tu tiempo.

Cuando te encapriches de una planta, pregúntate si en tu espacio podrás darle lo que necesita. El principal factor que tendrás que conocer es la intensidad lumínica de tu hogar, la temperatura y el nivel de humedad.

Observa cada rincón de tu casa y fíjate en cómo incide la luz en cada uno de ellos a lo largo del día y durante las diferentes estaciones.

A qué zonas les da el sol directo y a cuáles ni siquiera llega la claridad. (Véase «tipos de luz» en p. 23).

Una vez tengas claros esos conceptos, valora las necesidades de cada planta en particular y, según la información recogida previamente, decide en qué lugar de la casa podrás reproducir mejor las condiciones de su hábitat natural.

Para evitar disgustos, ten cuidado con las corrientes de aire, el aire acondicionado y la calefacción. Algunas especies, como las alocasias y las calateas, son bastante sensibles a ellos.

Entre los seres humanos, empatizar es necesario para una buena convivencia, y con las plantas pasa lo mismo. A mí me resultó más fácil entenderlo cuando comparé sus necesidades con las mías y vi lo parecidas que eran unas y otras. Te recomiendo que a la hora de cuidar tus plantas te dejes llevar por tu instinto; descubrirás que es un proceso maravilloso que saca lo mejor de ti mismo.

QUÉ HACER CUANDO UNA NUEVA PLANTA LLEGA A CASA

Lo primero que debes hacer es dar rienda suelta a tu amor por ella y, una vez que te hayas sacudido los corazones imaginarios que delatan que eres un *plantlover*, podrás empezar a examinarla.

Revisa la planta en busca de plagas. (Véase «Limpieza y revisión de plagas» en p. 35). Fíjate bien en el envés de las hojas y no dudes en coger una lupa si hace falta. Si no detectas ninguna plaga, échale un vistazo al sistema de raíces. Si cuando sacas la planta de la maceta está saturada y un montón de raíces recubren el cepellón, pásala a una maceta más grande y utiliza un sustrato mejor. Escoge la mezcla en función de la especie y trasplántala. (Véase «Trasplantes» en p. 46). En mi opinión, es mejor hacerlo lo antes posible para evitar estresarla demasiadas veces consecutivas; piensa que la planta llega a tu casa un poco estresada por los traslados. Pregúntate qué preferirías que te hicieran a ti si fueses esa planta. Tienes dos opciones:

- OPCIÓN A. Dejar que se adapte a la nueva ubicación y al cabo de un par de semanas, cuando esté acomodada y tranquila, trasplantarla y volver a alterarla, lo que implica esperar una segunda adaptación al medio y sufrir el doble de estrés.
- OPCIÓN B. Aprovechar que ya llega estresada para darle todo lo que necesita: una buena cama, buenos alimentos, ropa limpia... y dejarla descansar.

Con esta segunda opción, la adaptación al nuevo medio sería mucho más fácil, ¿no crees? De esta forma la planta sentirá mucho más cariño nada más llegar a su nuevo hogar.

Pues eso... Lógica planternal.

HERRAMIENTAS BÁSICAS

Bandeja: te ayudará a mantener todo limpio cuando lleves a cabo tus actividades planternales.

Regadera con pitorro fino: para regar y para fertilizar con abono líquido. Suelen llevar cabezas intercambiables, pero con el pitorro fino te aseguras precisión. Si tienes muchas plantas, te recomiendo que riegues con una manguera extensible, las hay con adaptadores de grifo para el hogar.

Tijeras para la poda: siempre hay que desinfectarlas con alcohol antes de usarlas.

Pala y cuchara: para facilitar tus actividades.

Vaporizador: para la limpieza de hojas y dosis extra de humedad.

Botiquín de plantas: bote de espray vaporizador de plástico para mezclar productos, jabón potásico, tierra de diatomeas, aceite de neem, alcohol 96º.

Frascos de cristal, táperes de plástico.

Guantes y pincel.

Medidor de humedad.

PUNTOS CLAVE PARA TENER PLANTAS FELICES Y PULGARES VERDES

Ten muy en cuenta todos estos factores, ya que serán claves para el cuidado de tus plantas y el aumento de tu confianza.

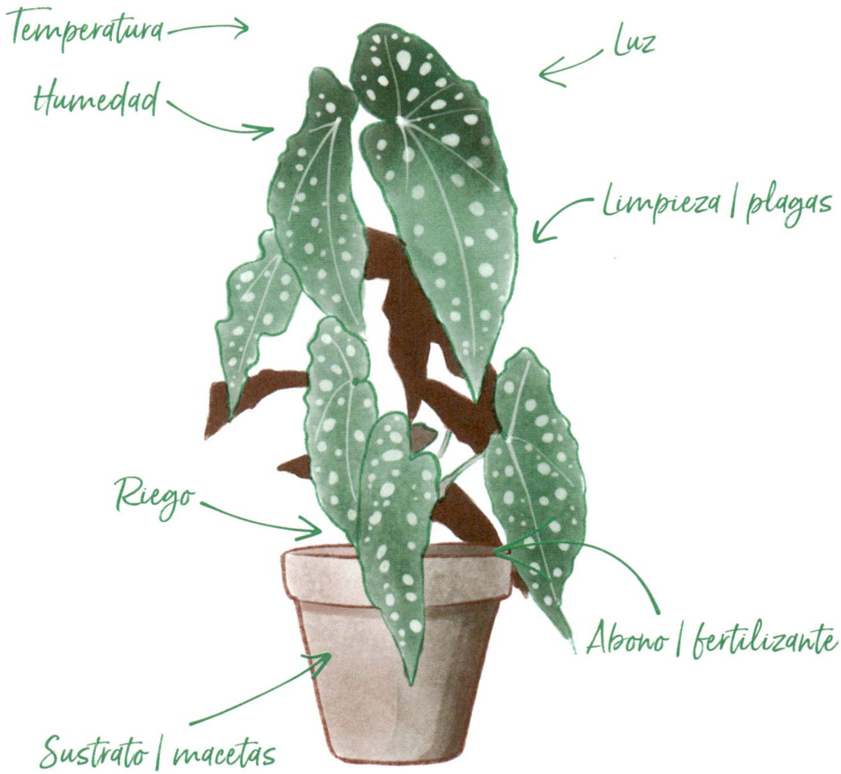

Las plantas tienen sus propios ciclos de vida. La mayoría se activan en primavera, viven su esplendor en verano y se van apagando en otoño; cuando llega el invierno descansan por completo hasta que su ciclo vital vuelve a empezar.

Tener claros sus ciclos y aceptarlos me permitió enamorarme aún más de ellas e incluso de mí misma. Me encanta la versión de mí cuando estoy con ellas, las horas que paso en el invernadero no me pesan, ¡voy *flow*tando! Espero que a ti te generen tantas alegrías como a mí, puesto que emocionarse es un componente básico de la felicidad.

Cuando las plantas están en la naturaleza ellas mismas gestionan todas sus necesidades, no requieren nuestra intervención. Pero cuando están en el interior y en macetas, la cosa cambia. Imagínate un pequeño cachorro o un bebé y piensa en lo importantes que somos para ellos. Pues con las plantas ocurre algo parecido ya que también dependen de nosotros para vivir.

Recomendaciones:

- Identifica las plantas por su nombre botánico y especie.
- A mí me ayudó mucho poner etiquetas en las macetas incluyendo el nombre y la fecha de adquisición de la planta. A veces son nombres difíciles de recordar, y es muy importante conocerlos a la hora de buscar más información sobre sus cuidados y necesidades ambientales.
- Prográmate un pequeño calendario planternal de cuidados.
- Concentra tu energía en ellas (regar y revisar sus hojas) como mínimo una vez a la semana. Será tu tiempo de calidad, y los cuidados que les dediques redundarán en ti.

Luz

La luz que reciban las plantas determinará por completo su crecimiento. Las plantas son seres autótrofos, esto quiere decir que fabrican su propio alimento a través de la fotosíntesis. Este proceso se activa con la luz, por eso es tan importante que la reciban las suficientes horas al día.

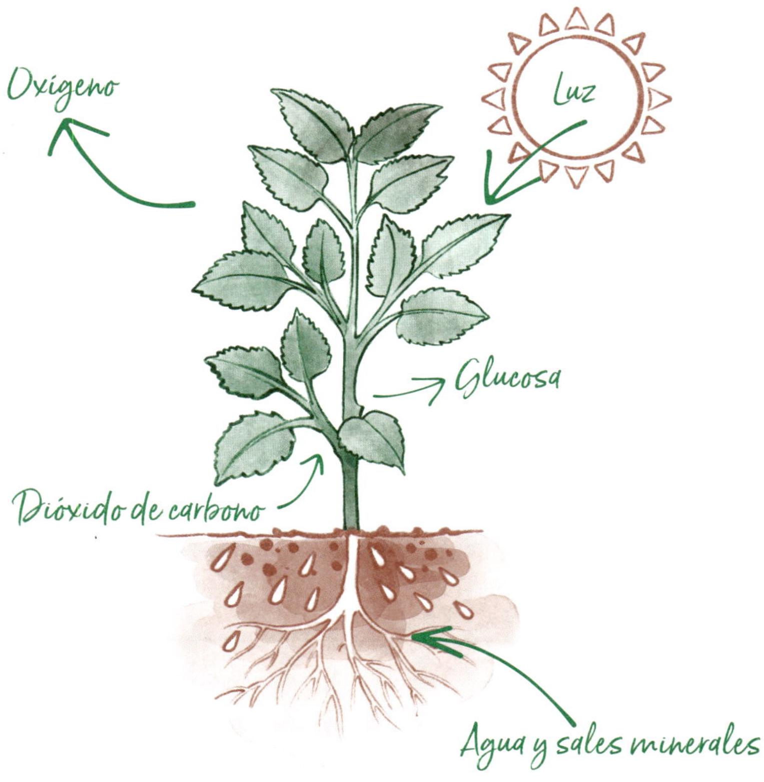

Estos son los diferentes tipos de luz que podemos encontrar dentro del hogar:

- Luz directa: incide directamente en la planta, ya sea en el jardín, en la terraza o a través de las ventanas.
- Luz indirecta: la planta está en un espacio interior o exterior lleno de luz pero los rayos del sol no inciden directamente sobre ella.
- Semisombra: lugares que quedan más alejados de la luz natural. En mi opinión no deberías poner plantas en este tipo de espacios, ya que no se desarrollarán como merecen.
- Nula: lugares que quedan más alejados de la luz natural. Para consejos de decoración botánica en rincones sin luz, ve a la p. 170.

Con este esquema lo entenderás mejor:

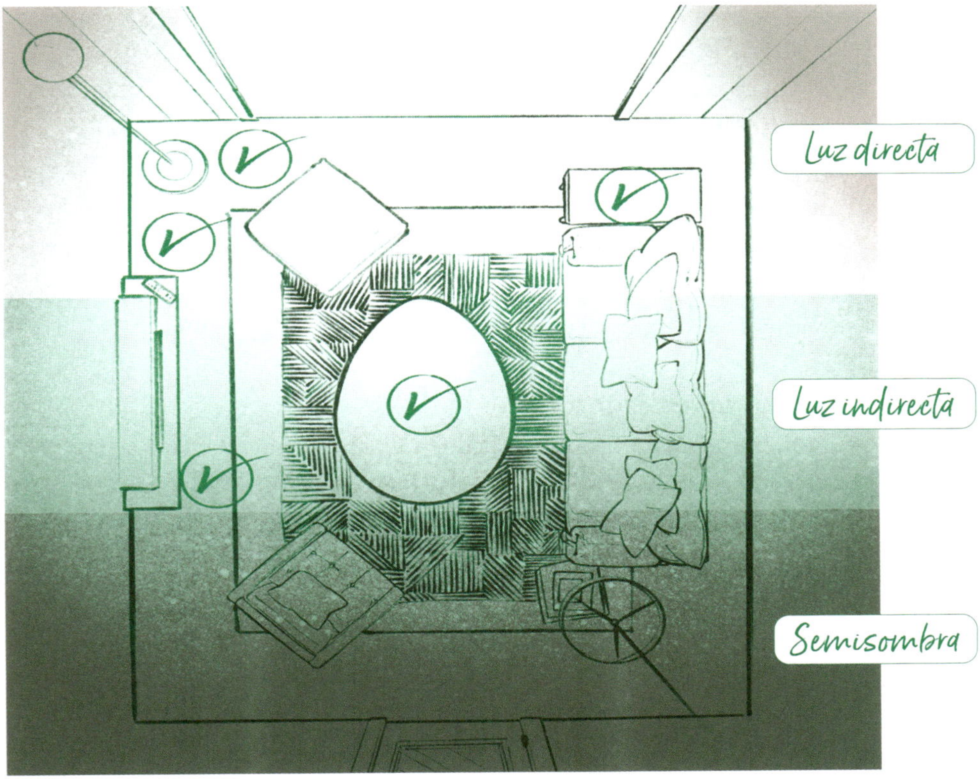

Fíjate también en las sombras que generan las plantas: si son muy marcadas, indican que reciben sol; si son muy leves, reciben solo claridad.

Deberás elegir la ubicación de la planta según sus necesidades lumínicas.

Cada semana puedes aprovechar el día de riego para ir rotando la planta sobre sí misma de manera que reciba luz en todas partes por igual.

Riego

En cuanto al riego, no hay una regla básica, ya que entran en juego varios factores: las condiciones ambientales del hogar (luz + temperatura + humedad), el tipo y el tamaño de la planta, el material y las medidas de la maceta, y el tipo de sustrato.

Cuanta más luz y temperatura, más evaporación se producirá y, por lo tanto, mayor consumo de agua por parte del ambiente y de la planta. Esto determinará nuestra forma de regar. Por eso en verano, a causa del calor, se deben incrementar los riegos y en invierno se deben reducir. Pero cuidado con la calefacción ya que el agua se evaporará también con las altas temperaturas dentro del hogar. Además, si la maceta es grande será necesaria más agua.

Qué agua utilizar

La mejor agua para regar es la de lluvia, nada hay más natural para ellas. No es algo que esté al alcance de todo el mundo, pero si tienes posibilidad de recoger agua cuando llueve, no lo dudes: beneficiará a las plantas y te supondrá un gran ahorro.

El agua destilada es otra opción, pero con ella generamos más residuos plásticos.

Los filtros de carbón vegetal son efectivos y una opción muy ecológica.

La opción de dejar reposar el agua del grifo también es buena, aunque, la verdad, yo riego con ella sin dejarla reposar y mis plantas lucen perfectas.

Puedes comprobar la calidad del agua de tu casa con las tiras de pH y así ir a lo seguro sin complicarte; el pH del agua de la lluvia es lo ideal para las plantas y es de 5,6. Las plantas son para disfrutarlas, no para complicarte la vida con más quehaceres.

Cómo regar

Para regar de manera correcta hay que apuntar siempre al exterior de la maceta, evitar hacerlo cerca del tallo y dejar que la planta absorba el agua desde fuera hacia dentro.

A mí me gusta utilizar una regadera de pitorro fino y verter el agua lentamente para que drene despacio y el sustrato se empape poco a poco. Así evitaremos que se encharque. Yo riego con un movimiento circular; con una ida y vuelta es suficiente.

Intenta regar las plantas en el lugar en el que están ubicadas, evita desplazamientos innecesarios para no estresarlas con movimientos bruscos. Recuerda que cuando crecen en la naturaleza no se mueven del sitio, tan solo las mece el viento.

El riego por inmersión lo utilizo para las plantas de aire. Suelo sumergirlas completamente en agua durante 10 o 15 minutos y luego las escurro bien para evitar que se pudran. Puedes optar por el riego por absorción en las plantas con tallos y texturas velludas, tipo *Begonia rex*. Pon agua en un recipiente y sumerge la maceta como mínimo 10 minutos, ella misma absorberá el líquido que necesite.

Cuándo regar

Yo, en Galicia, suelo regar cada 7 o 10 días en invierno y cada 3 o 4 días en verano, pero cada casa y cada planta es un mundo. Sus necesidades son lo importante y debemos adaptarnos a ellas.

La frecuencia de riego depende en gran medida de la temperatura del ambiente (interior o exterior) en el que se encuentra la planta. Una temperatura óptima oscila entre los 15 y los 30 °C. Por debajo de los 10 °C y por encima de los 35 °C el crecimiento de la planta se puede estancar. Y algunas incluso pueden morir.

Te recomiendo que utilices un medidor o sensor de humedad; es un aparato muy asequible y te sacará de dudas enseguida. Suele tener tres sensores diferentes que registran la humedad, el pH y la luz que recibe la planta. Si lo introduces directamente en el sustrato de la planta en cuestión, te proporcionará toda la información que necesitas saber.

Sustrato y tipos de maceta

El sustrato es la base de todo, y el que emplees ha de tener los ingredientes necesarios para que tus plantas crezcan felices y sin carencias.

Un sustrato de calidad debe cumplir varias funciones, desde anclar la planta al suelo hasta aportarle nutrientes, retener la humedad o filtrar el aire.

Hay varios tipos de sustratos, y estos pueden ser activos o inertes. Los activos aportan nutrientes y los inertes proporcionan drenaje y aireación.

Para que queden claros los conceptos, veamos para qué se utiliza cada uno de ellos y qué aportan a las plantas:

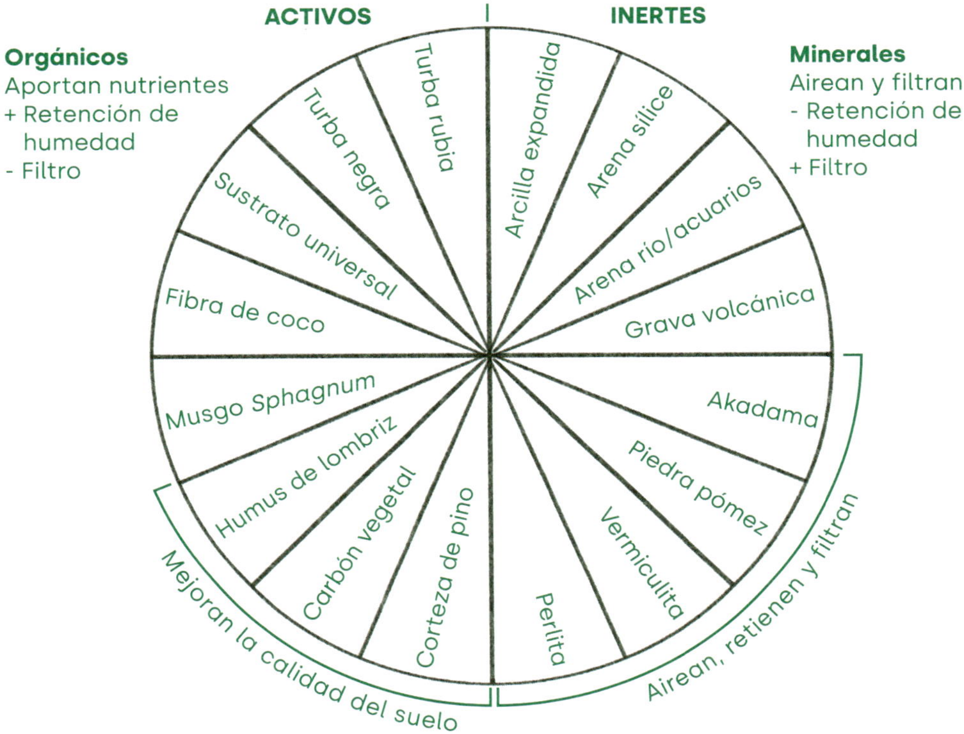

Recetas de sustrato

Como he dicho antes, el sustrato es para las plantas lo que para nosotros es la comida, así que pregúntate qué tipo de alimentación quieres darles a tus plantas.

Si puedes, te recomiendo que te hagas tus propias recetas de sustrato. A unos les va la comida rápida y otros preferimos cocinar a fuego lento. Todas las opciones son válidas, pero está claro que no darán los mismos resultados. Cada ingrediente aporta una función en el proceso.

Aquí tienes los menús que yo les preparo a mis plantas según la especie.

- 1-2 cm de arcilla expandida en la base. Drenaje.
- El humus de lombriz y el carbón vegetal son extras que mejoran el suelo.
- Porción = 1 vaso o traza.

BÁSICO

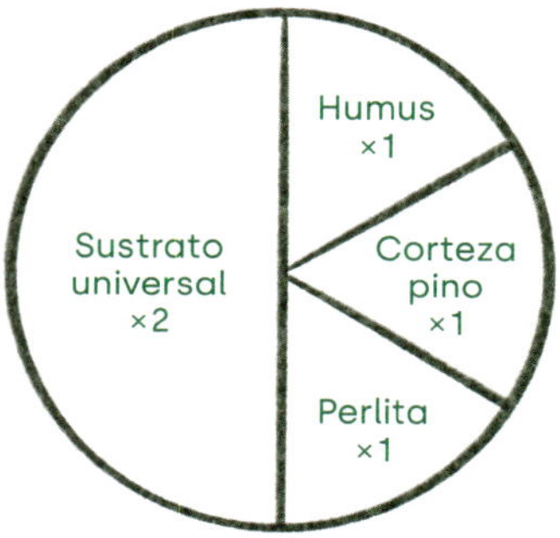

Aguacate, oxalis, tradescantias, potos, ficus

TROPICAL

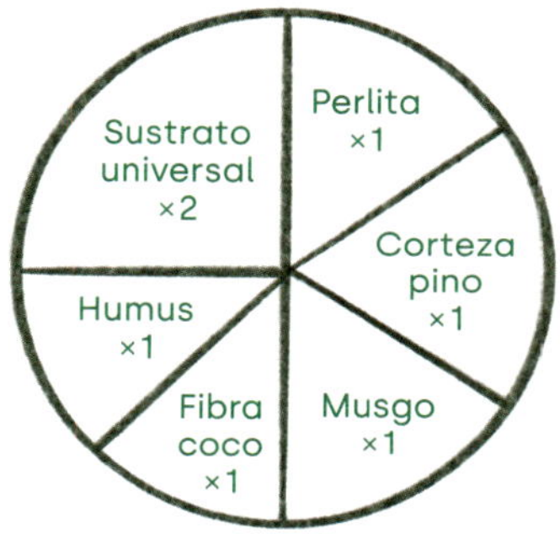

Monsteras, philodendros, calateas, marantas

Necesitan: + humedad

BULBOSAS RIZOMAS

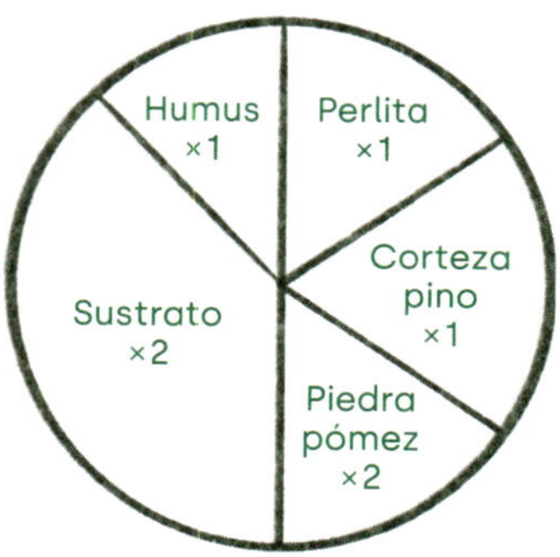

Caladium, begonias, alocasias, peperomias

Necesitan: + humedad, cuidado con pudrición

CARNÍVORAS

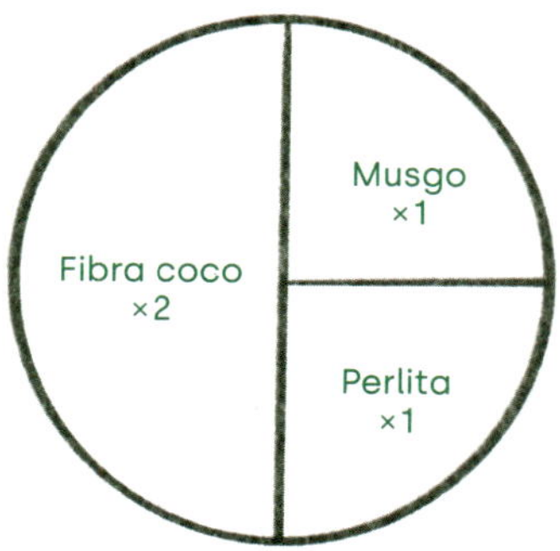

No se abonan; captan los nutrientes de los bichos

LITHOPS

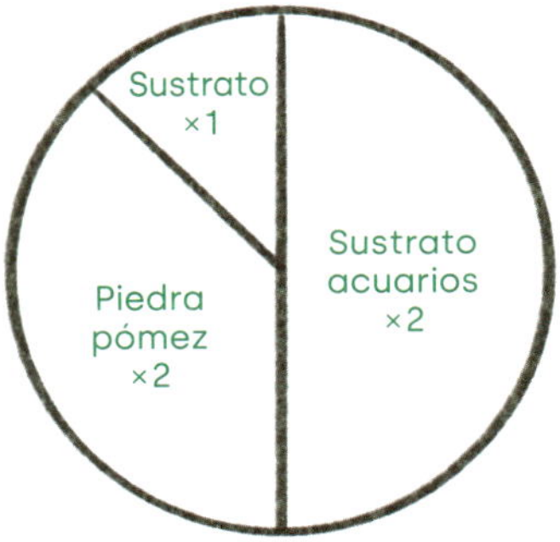

Necesitan: + mineral en invierno no regar

PLANTAS EPÍFITAS

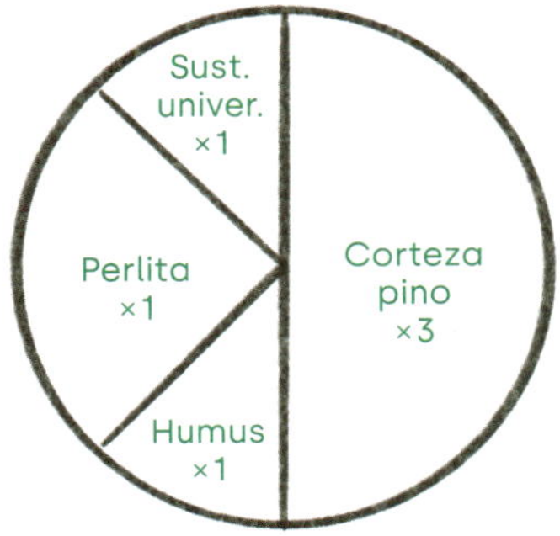

Orquídeas, *Anthurium*

CAUDEX Y BONSÁI

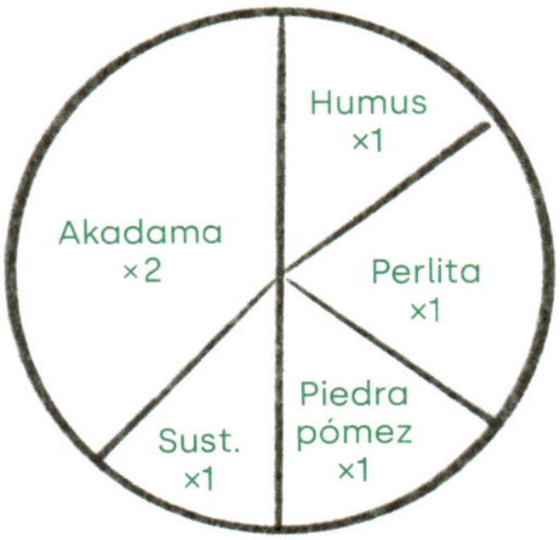

Piedra acuario en el top: preserva la humedad, evita la pudrición en el cuello de las plantas, evita los hongos.

SEMILLERO

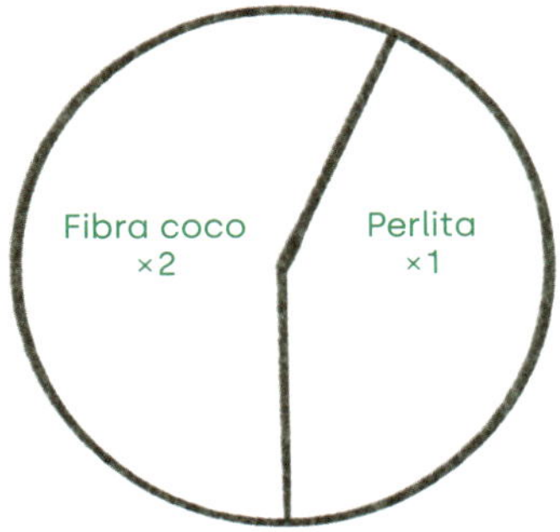

CACTUS

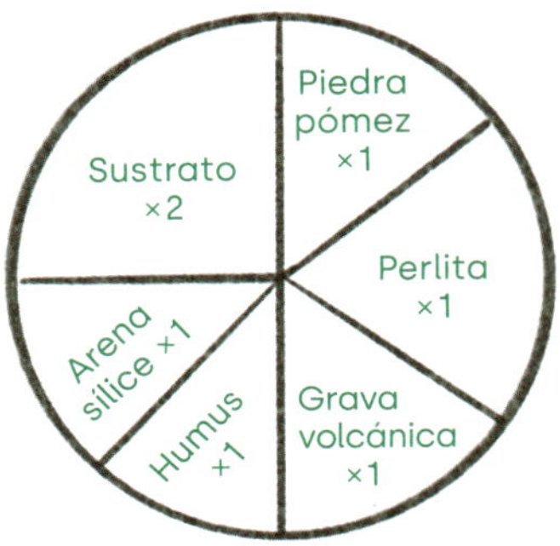

Coberturas: acolchado natural - áridos redondos

SUCULENTAS

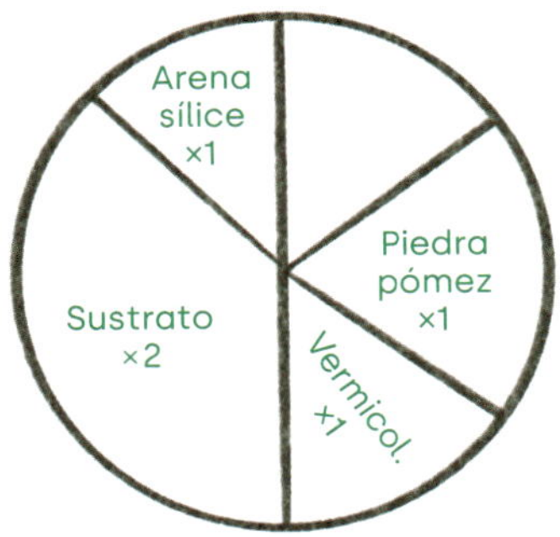

Coberturas: acolchado natural - áridos redondos

Pilea peperomiales, *Ceropegia woodii*, *Echeveria*

La mezcla debe tener la consistencia y la textura adecuadas para que retenga la cantidad justa de agua y drene fácilmente el excedente, según las necesidades de cada especie.

Por ejemplo, no precisa la misma cantidad de agua una planta tropical que un cactus en el desierto. Las plantas tropicales, en su hábitat natural, tienen una humedad alta, y el sustrato, a causa del ambiente, siempre está húmedo. Por este motivo deberemos aplicar ingredientes al sustrato que retengan y mantengan una humedad constante. Por el contrario, los cactus necesitan ingredientes que permitan la evaporación y el drenaje rápido del agua, ya que, si se acumula demasiada, la podredumbre se apoderará de las raíces y es probable que lo perdamos.

Solo tienes que ponerte en situación... Solo tienes que ponerte en su lugar.

El tipo de maceta también lo determina la especie y la humedad que necesite. Es importante que tengan agujero de drenaje en la base para que filtre el agua restante de los riegos y las raíces se oxigenen de manera natural. Las únicas que no deben tener agujero son las macetas decorativas y los terrarios. Y en este caso lo compensaremos añadiendo arcilla expandida en la base a modo de drenaje.

Las macetas de plástico retienen mejor la humedad; las de terracota la evaporan rápidamente. Hay que ser conscientes del consumo de agua; si usamos terracota para una planta tropical que necesita mucha humedad, deberemos regar más a menudo y el consumo de agua será mayor. Contribuir a un mundo mejor, más ecológico, empieza en los pequeños detalles.

Te recomiendo macetas de plástico pero dentro de tiestos decorativos; es como vestir a tu planta de gala, y de esta manera, además, darás un toque personal a tu hogar. Es importante que la base de la maceta de plástico quede un poco por encima de la base de la maceta decorativa, para que siga filtrando el aire y las raíces se oxigenen y también para evitar los excesos de agua. Con 2 o 3 cm de arcilla expandida es suficiente.

Abono

La naturaleza cuenta con su propio proceso de fertilización. Por ejemplo, las inundaciones, las hojas y los frutos que caen, la descomposición de las plantas o animales… Todos estos procesos enriquecen el suelo de una manera natural.

En casa no contamos con estos procesos naturales porque no dejamos que la materia orgánica se acumule, lo que significa que debemos enriquecer el suelo de otra manera.

Las plantas en maceta tienen un acceso limitado a los nutrientes, y con el paso del tiempo estos se van agotando y consumiendo, por eso es necesario abonarlas cada 15 días en época de crecimiento, que coincide con los meses de primavera y verano. En otoño se deben reducir los tiempos progresivamente a la mitad (una vez al mes), hasta parar por completo durante los meses de invierno, para contribuir así a su descanso.

El abono y el fertilizante tienen un mismo objetivo: enriquecer el suelo de nutrientes. La principal diferencia entre uno y otro está en su composición. Los abonos son de origen natural y los fertilizantes son de origen químico.

Si nos decidimos por lo más natural y ecológico, podemos optar por dos opciones:

- Abonos orgánicos (humus, compost, estiércol).
- Abonos minerales (NPK), que son específicos para cada tipo de planta —tropicales, cactus, bonsáis, orquídeas— y que podemos encontrar en varios formatos (líquido, granulado...).

Yo suelo añadir un puñado de humus de lombriz a mis recetas de sustrato y también uso abono líquido diluido en el agua de riego en las etapas indicadas, siempre siguiendo las proporciones recomendadas por el fabricante. Este método me resulta muy práctico ya que es rápido y efectivo, y los resultados saltan a la vista, las plantas lucen más vigorosas.

Las plantas de interior o tropicales necesitan nutrientes que puedan asimilar en forma NPK y otros micronutrientes dependiendo de la especie.

PARA TODAS LAS PLANTAS			PARA ALGUNAS PLANTAS
En cantidades relativamente grandes		En cantidades relativamente pequeñas	En cantidades relativamente pequeñas
Extraídos del aire, en forma de CO_2 o del agua del suelo	Extraídos de los sólidos del suelo	Extraídos de los sólidos del suelo	Extraídos de los sólidos del suelo
1. Carbono 2. Hidrógeno 3. Oxígeno	4. Nitrógeno 5. Fósforo 6. Potasio 7. Calcio 8. Magnesio 9. Azufre	10. Hierro 11. Manganeso 12. Boro 13. Molibdeno 14. Cobre 15. Zinc 16. Cloro	17. Sodio 18. Silicio 19. Cobalto 20. Vanadio

El nitrógeno (N) favorece la producción de la clorofila y es determinante en el crecimiento y la regeneración de la planta.

El fósforo (P) transfiere y almacena la energía, favorece el crecimiento de las raíces y la floración.

El potasio (K) se encarga de la absorción del agua, incrementa la resistencia al frío y a las sequías.

Detectar deficiencias o falta de nutrientes

Cuando las plantas sufren trastornos o tienen alguna deficiencia, sus hojas nos hablan y nos cuentan, sin palabras, qué necesitan.

Síntoma: Brotes más pequeños, color menos intenso

Causa: Falta de luz, de espacio en las raíces o de nutrientes

Solución: Reubícala y revisa el sistema de raíces; si hay poco espacio, trasplanta

Síntoma: Decoloración, manchas en las hojas, bordes color marrón o amarillo

Causa: Falta de nutrientes

Solución: Ponle abono

Síntoma: Marcas en las hojas, pérdida de color, mordiscos o bichitos. Capa externa con manchas color gris, blanco o negro

Causa: Plagas / hongo-virus

Solución: Usa fitosanitarios y aléjala de otras plantas

Síntoma: Hojas negras, marrones

Causa: Exposición solar o helada

Solución: Pódala, reubícala, protégela

Síntoma: Hojas amarillas, desteñidas, débiles, flácidas

Causa: Exceso de riego (hojas blandas); falta de riego (hojas secas)

Solución: Reduce o aumenta los riegos

Limpieza y revisión de plagas

La higiene es un aspecto muy importante —aporta autoestima y salud— que hay que tener en cuenta también en las plantas.

Si observas hojas, tallos o flores marchitas en tus plantas, deberás podarlas, generalmente desde la base. Al retirarlas ayudamos a la planta a enfocar su energía en el crecimiento y no en la recuperación de tejidos. Usa tijeras previamente desinfectadas con alcohol.

Cada 15 días, limpia sus hojas y tallos, y examínalas detenidamente y con calma. Eliminar el polvo acumulado en las hojas es necesario para que la luz incida correctamente sobre ellas y el proceso de fotosíntesis se lleve a cabo en su totalidad.

Limpia las hojas de arriba abajo y los tallos de abajo arriba. No compartas paños ni uses manoplas cuando limpies diferentes plantas; de esta manera evitarás posibles contagios. Yo utilizo papel absorbente de un solo uso y agua destilada en un vaporizador en espray (con el agua destilada evito que luego salgan las manchas de cal).

Si las hojas son vellosas, quita el polvo con un pincel gordito, y si son aterciopeladas, límpialas con agua y con los dedos; es un gustazo sensorial.

Si las hojas presentan decoloraciones o manchas, pueden estar indicando algunas deficiencias. (Véase el apartado «Detectar deficiencias o falta de nutrientes» en p. 33).

Revisa el envés de las hojas en busca de plagas. Si es necesario, utiliza una lupa ya que algunos bichitos son casi inapreciables; aunque no los veas, percibirás su rastro y podrás poner remedio lo antes posible. Aleja las plantas afectadas del resto y ¡actúa rápidamente! (Véase «Cómo combatir las plagas» en p. 91).

Ya eres un pulgares verdes

PRIMAVERA

Cuida tus plantas
para que ellas
cuiden de ti

PRIMAVERA

MI CICLO VITAL

Hay muchos aspectos de mi vida de los que no había tomado conciencia hasta que me interesé por las plantas. Después de convivir con ellas durante varios ciclos, empecé a comprender y analizar de otra manera los míos. Me di cuenta de que no los respetaba, de que ni siquiera sabía que yo también tenía ciclos. Me exigía mantener las pilas cargadas y la energía intacta durante todo el año y, claro, cuando no alcanzaba lo esperado era frustrante.

Ahora, después de analizarme y conocerme de una manera más profunda, siento que para mí la primavera significa volver a empezar: el principio de un ciclo nuevo, que se repite por orden natural y al que puedo sacarle partido de mil y una maneras. Todo vuelve... y eso me brinda la oportunidad de hacerlo todo distinto, de aprender cosas nuevas, experimentar y probar nuevos métodos, seguir otros caminos que me ayuden cultivar mi yo interior. Es como el pistoletazo de salida para volver a ser yo misma.

Es también la época en la que más productiva soy, en la que llevo a cabo más proyectos personales y profesionales, y en la que me siento con las pilas cargadas. Siempre elaboro infinidad de listas con actividades que quiero hacer, probar y experimentar, y que durante la época de dormancia de algunas plantas no puedo llevar a cabo.

Sin embargo, no todos funcionamos igual. Cada uno es un mundo aparte dentro de la misma especie. Y no todos los ciclos llevan el mismo ritmo ni fluyen igual. Lo importante es que cada cual comprenda y analice sus propios ciclos, encuentre su momento, lo disfrute y lo convierta en especial. Sin ir más lejos, mi amiga y compinche planternal Marta (@losroco) se viene arriba con los días grises y yo no doy crédito.

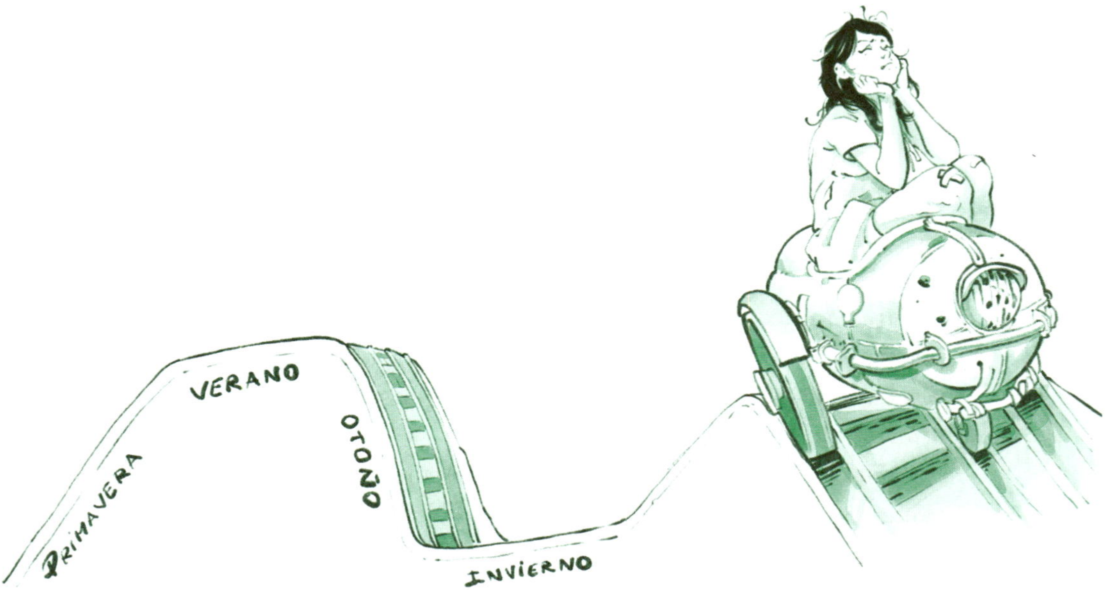

Tras el invierno, cuando los primeros claros traen de vuelta el sol, se me afina la sonrisa. Vuelvo a sentir un cosquilleo, unas ganas inmensas de no perderme detalle. Si observas con calma a tu alrededor, te das cuenta de que todo retorna a la vida; lo que parecía dormido despierta y asoman los primeros albores. De repente la paleta de colores cambia, y es apasionante. El canto de los pájaros suena más animado. La vida asoma entre las toscas grietas del asfalto. El viento trae el aroma de las primeras flores. El sol gira y nos descubre las cosas hermosas que nos rodean y que habíamos dejado de ver.

Muchas veces dejamos de observar por falta de tiempo, por un ritmo de vida estresante o porque damos muchas cosas por sentadas.

Observar los cambios, ser consciente de ellos, valorarlos... me hace feliz. Mis días son así más alegres.

A veces solo hay que cerrar los ojos y sentir.

Si quieres escuchar mejor, cierra los ojos.

Si quieres ver mejor, aléjate del ruido.

¿Y tú? ¿Qué sientes con la llegada de la primavera?

PUESTA A PUNTO PRIMAVERAL: HORA DE MANCHARSE LAS MANOS

Con la llegada de la primavera me apasiona preparar las plantas para su despertar.

Casi todas las cosas que voy a contarte en este libro son cuestión de práctica. Con los años, observando alrededor ciclo tras ciclo, dejándote envolver por el aquí y el ahora, aprenderás un nuevo idioma y descubrirás cómo se comporta la imprevisible Madre Naturaleza. Tendrás que observar y asimilar el lenguaje no verbal de tus plantas. Aquí entran en juego los sentidos: oler la tierra, observar las raíces, ver fluir el agua, sentir el tacto de las hojas... Pequeños indicios que delatan si es la hora de la puesta a punto primaveral.

Estos son algunos indicios de que la planta necesita TU AYUDA:

- Si hace más de un año que está en la misma maceta.
- Si el sustrato está compactado.
- Si cuando riegas, el agua no filtra bien y se encharca la parte superior.
- Si cuando riegas, el agua se filtra por canales, no moja el sustrato y pasa de largo.
- Si las raíces asoman por los agujeros de la base o recubren todo el cepellón.
- Si las hojas están lacias y los nuevos brotes nacen dañados o sin fuerza.

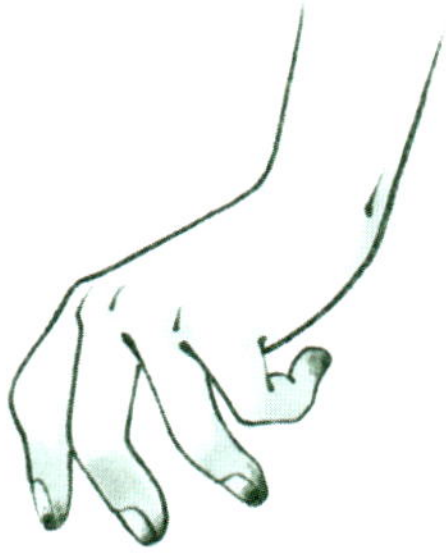

Si la mayoría de tus respuestas han sido afirmativas, ha llegado la hora de que te manches las manos. ¡Y te aseguro que es muy divertido! Si no, que se lo pregunten a los niños. Para mí, meter las manos en la tierra es algo muy placentero. Notar las diferentes texturas y la humedad natural que mantienen los elementos hace del trasplante una actividad muy sensitiva. Es una de las cosas con las que más disfruto. Gracias a estos momentos nació la manicura del *plantlover*.

No sé si sabías que hay una bacteria llamada *Mycobacterium vaccae* que dicen que mejora el estado de ánimo y calma la ansiedad. Vive en la tierra de los bosques. Se encuentra en el suelo y flotando en el aire. Cuando nos exponemos a ella, aumenta en nosotros la producción de serotonina (la sustancia que se encarga del estado de ánimo) y su efecto antiinflamatorio nos alivia el posible estrés.

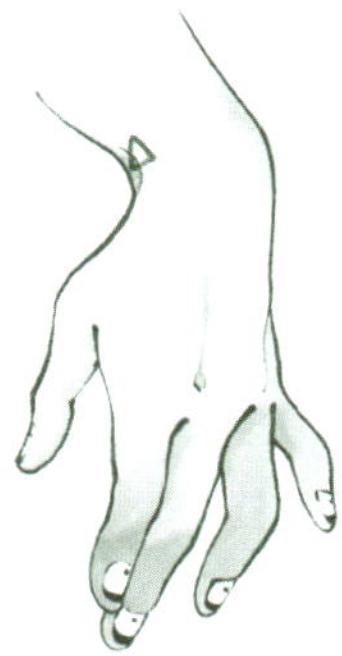

TIPS: TRASPLANTES

Para saber si ha llegado el momento de trasplantar, lo primero que hay que hacer es revisar la maceta y observar el sistema de raíces. De un año para otro las plantas aumentan de volumen, y es muy importante que estén cómodas y tengan espacio suficiente para seguir creciendo. En fin, como nosotros.

Si la falta de espacio es un problema y no quieres o no puedes cambiar a una maceta de mayor tamaño, algunas plantas permiten hacer una bipartición de raíces y obtener dos plantas. Seguro que tienes alguna amiga o algún amigo que estará encantado de tu iniciativa de «propagar para regalar», y de ese modo podrás conservar el tamaño de la maceta inicial. Si no existe la opción de bipartición, amplía el tamaño de la maceta de manera progresiva, con un mínimo de dos tallas entre una y otra (si está en una maceta de 20 cm de diámetro y la siguiente talla es de 25 cm, pásala a una de 30 cm).

Recuerda: si las raíces asoman por el agujero de drenaje y cuando sacas la planta de la maceta se quedan con la forma compactada, está claro que necesita unos nuevos pantalones.

Paso a paso:

En las asesorías y talleres que imparto, el miedo a los trasplantes es de lo más comentado. Yo siempre digo que un trasplante de corazón es lógico que imponga, pero no el de una planta. Aleja de ti esos miedos que te frenan a aprender y a experimentar en primera persona.

1. Saca la planta de la maceta y observa detenidamente el entramado de sus raíces; a mí me resulta muy placentero y relajante perderme entre esos laberintos infinitos.

2. Fíjate si en las raíces hay micorriza* y, en caso afirmativo, no las limpies. Este hongo, aunque tiene un aspecto feo, ayuda de manera simbiótica a las plantas.
3. Con los dedos, afloja suavemente el sistema radicular para eliminar la mayor parte del sustrato viejo.
4. Escoge la maceta adecuada según las necesidades de retención de humedad de la especie en cuestión siempre con agujero de drenaje. Recuerda: plástico para plantas tropicales; terracota para plantas tipo cactus. Para orientarte con el tamaño, usa dos tallas más que la maceta anterior; el cambio siempre debe ser progresivo.
5. Prepara la mezcla con los ingredientes necesarios. (Véase «Recetas de sustrato» en p. 27).
6. Usa arlita o arcilla expandida para crear un drenaje dentro de la maceta de 1 o 2 cm de grosor.

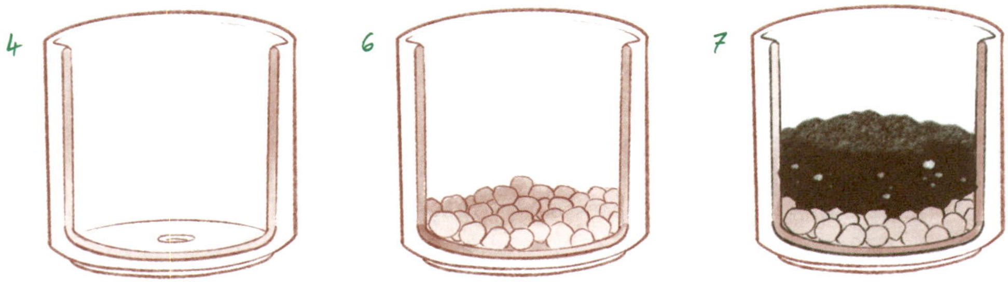

* Micorriza significa literalmente «raíz de hongo». La planta y el hongo tienen una relación mutuamente beneficiosa: el hongo facilita la absorción de agua y de nutrientes a la planta, y la planta proporciona alimentos y nutrientes creados por la fotosíntesis al hongo. Este intercambio es importante en los ciclos de nutrientes y en la ecología, evolución y fisiología de las plantas.

7. Añade un par de puñados de sustrato de base.
8. Introduce la planta en la zona central de la maceta, sujétala con una mano y con la otra ve rellenando los laterales con más sustrato pero sin apretarla demasiado. La mezcla que hayas preparado se colará fácilmente entre las raíces y rellenará los huecos.
9. Una vez rellenada hasta el borde, riega con un poco de agua hasta que la tierra se asiente y la planta quede bien anclada al suelo.
10. Si ves que al regar el nivel de sustrato baja, añade un poco más, pero no riegues esa capa superior hasta el próximo día de riego.
11. Ubica la planta en su lugar y dale tiempo a que se adapte al nuevo sustrato.
12. Vuelve a regar pasada una semana.

EMOCIONARIO: PROPAGAR PARA REGALAR

Cuando alguien te regala una planta, esa persona te está dando un propósito, te está invitando a que te quieras, te cultives y te dediques tiempo. Por no hablar de la oportunidad de enriquecerte con nuevos conocimientos: cuando te interesas por su procedencia e investigas acerca de sus cuidados, se te llena la mente y tu sabiduría crece.

Cuando te preocupas por algo o por alguien que no eres tú mismo, se te llena el corazón. Cuando pones toda tu mente en una actividad y te aíslas de la realidad, te acercas más a tu ser. Al menos eso es lo que yo siento y quiero trasmitir cuando regalo un esqueje; de ahí nació el concepto #propagarpararegalar. Mi tiempo, esfuerzo, pasión y cariño se concentran en un pedacito de vida verde que deseo que le haga sentir bien a la persona a la que se lo regalo.

Con mi marido ocurrió algo así. Necesitaba que experimentara lo que yo sentía con las plantas, quería que conociera de primera mano esa felicidad, esa motivación, ese despertar. Así que me las ingenié para mezclar su pasión y la mía: él es un enamorado de la cultura asiática, en especial de la japonesa, así que le regalé un bonsái *Ginkgo biloba*.

El ginkgo es originario de China y es una de las especies vivas más antiguas que existen. Se cuenta que sobrevivió a la bomba nuclear que en 1945 destruyó Hiroshima y mató a miles de personas. En menos de un año, a unos pocos kilómetros del epicentro, brotó un *Ginkgo biloba* entre las ruinas de un antiguo templo budista. Cuando reconstruyeron el templo, decidieron mantener el árbol como símbolo de renacimiento y veneración, y a sus pies inscribieron la oración «No más Hiroshima». Los japoneses apodaron Hibakujumoku a los árboles que sobrevivieron a la bomba atómica.

Cuando Dani conoció la historia de los *Ginkgo biloba,* la semilla germinó en su interior. Durante las primeras semanas no dejó de buscar información sobre ellos, y ya se le veía ese brillo tan particular en los ojos. Ahora, varios años después, es un apasionado de estos árboles y tiene una gran colección. Él mismo crea sus propios bonsáis de la nada, dándoles mágicas formas, e incluso se ha animado a impartir talleres sobre el tema, a plantar la semilla en otros. Me siento orgullosa de haberle contagiado el instinto planternal.

TIPS: ¿CÓMO GERMINAR UNA SEMILLA?

Es tiempo de plantar la semilla en ti. Como todo en la vida, lo que siga dependerá de las acciones que lleves a cabo después. Las palabras no valen nada si no van acompañadas de hechos. Para aprender algo es importante vivir cada pequeño avance, valorar los tiempos, conocer los pasos, involucrarte.

Plantar la semilla es el comienzo de todo el aprendizaje. Desde aquí te animo a que busques una semilla; si consumes frutas, hallarás una en cualquiera de ellas .

Germínala, observa sus tiempos y disfruta de ver cómo brota una nueva vida.

Qué necesitas:

- Táper + papel absorbente + vaporizador de agua sin cal + semillas

Puedes plantar las semillas directamente sobre sustrato y que germinen de manera natural. O puedes germinarlas antes de plantarlas, observando el proceso desde el principio y asegurándote de que todo está bien. Yo siempre recomiendo probar varios métodos y ver cuál resulta más efectivo.

Paso a paso:

1. Pon una hoja de papel absorbente dentro del táper.
2. Coloca las semillas encima, dejando espacio entre ellas.
3. Cúbrelas con otra lámina de papel absorbente y vaporiza un par de veces (no la encharques).
4. Cierra el táper y dentro de un par de días revisa el interior.
5. Cuando las semillas se hayan abierto, prepara una maceta pequeña con sustrato semillero: humedece el sustrato antes de colocar las

semillas y luego cubre con un poquito más de sustrato, en este caso seco (1 cm) y ya no riegues. Puedes ponerle una cúpula para que conserve mejor la humedad.

6. Colócalo en una zona iluminada sin sol directo.
7. Cuando la planta asome a través del sustrato es momento de volver a regar.

Las semillas necesitan gran cantidad de humedad y calor para desarrollarse en óptimas condiciones. Controla los riegos durante las primeras semanas para evitar que el sustrato se seque y la planta se deshidrate.

Imagina que eres esa semilla y que tienes la oportunidad de dejarte llevar por el viento y de plantarte en algún lugar diferente de donde estás. ¿Dónde sería? ¿Dónde te gustaría brotar?

PROPAGAR LA FELICIDAD

Yo propago, ¿tú propagas?
Definición de «propagar»:

1. Extender el conocimiento de una cosa o la afición a ella.
2. Multiplicar, reproducir, difundir, divulgar...
3. Hacer llegar una cosa desde un punto a muchos lugares y en todas las direcciones.

Cuando empecé a adentrarme en este mundo, lo que más me llamó la atención, y lo que más me emociona todavía hoy, son los procesos de propagación de las plantas. Obtener una planta por el simple hecho de cortar un trocito de otra me sigue pareciendo alucinante. El proceso, ver cómo se agarra una nueva vida, es increíble.

Descubrirás por ti mismo la alegría que dan las infinitas posibilidades de añadir nuevas plantas a tu colección o de propagar para regalar. Propagar felicidad es fácil si seguimos las reglas de la naturaleza. Propagar es un arte al alcance de todos.

TIPS: ESQUEJES

El proceso de reproducción en los vegetales puede darse de varias maneras:

La reproducción sexual: se lleva a cabo mediante semillas o esporas que darán lugar a una planta con diferente genética a la de la planta madre (similar a nuestro sistema de reproducción). Tiene lugar del siguiente modo: por la acción de los insectos o del viento, el polen aterriza en el pistilo de una flor, llega a los óvulos y se produce la fecundación. La flor se transforma en fruto, el cual tiene en su interior las semillas. Las semillas caen y, con la humedad del suelo, germinan y dan vida a una nueva planta genéticamente diferente.

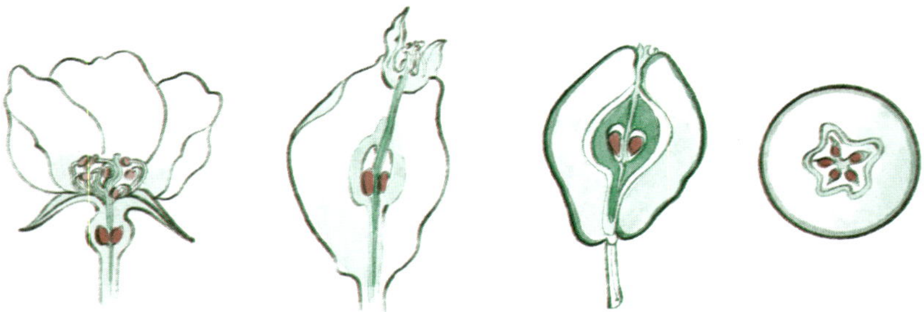

La reproducción asexual: se lleva a cabo mediante tejidos o pequeñas porciones de la planta madre. El ejemplar que consigamos tendrá la misma genética que la planta madre. Se puede llevar a cabo a través de hijuelos, estolones, rizomas, esquejes de tallo o de hoja...

- Como ejemplos de esqueje de hijuelos tenemos la conocida *Pilea peperomioides.*
- Los estolones son típicos de las cintas y saxífragas.

- Como ejemplo de rizomas tenemos a las alocasias y las calateas.
- Los esquejes de hoja funcionan genial para suculentas, peperomias y begonias tipo *Rex*.
- Con los esquejes de tallo podemos reproducir casi el resto de las especies: *Monsteras*, philodendros, potos, marantas, tradescantias... Los esquejes de tallo son fáciles de desarrollar y muy efectivos; si sabes por dónde tienes que cortar, lo tienes casi todo hecho.

Para entender el proceso de reproducción o propagación es preciso conocer las partes que lo constituyen. #anatomiaplanternal

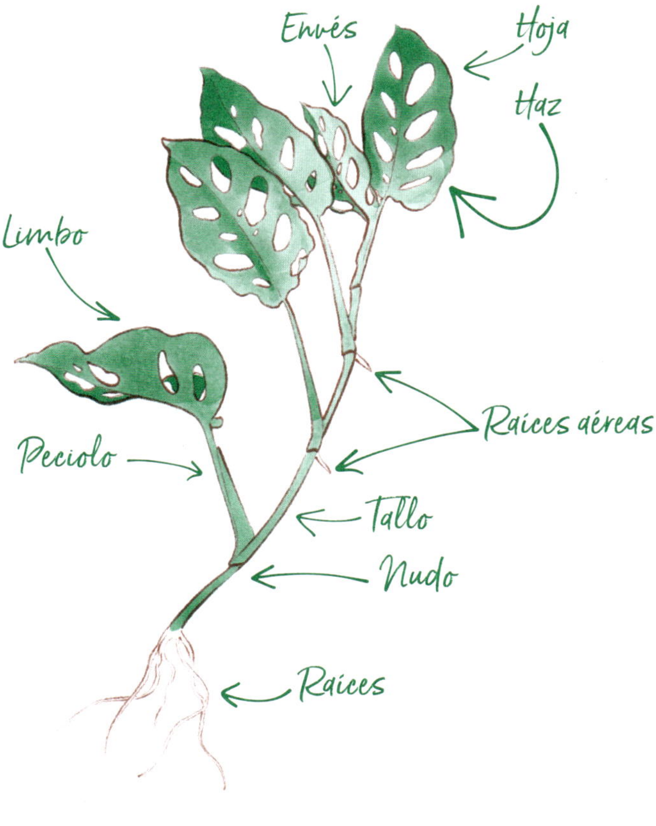

La mejor época para realizar esquejes es en primavera y verano, cuando las plantas están más activas. Aunque yo hago durante todo el año y obtengo buenos resultados. En interior es fácil recrear sus necesidades.

Debes hacer el corte en diagonal entre nudo y nudo (sin dañarlos) e introducirlo en el agua/musgo/perlita. Reconocerás el nudo fácilmente; de no ser así, guíate por el lugar donde nace la hoja. En algunas especies bastará con cortar un nudo para conseguir que se reproduzca, pero para asegurar el éxito vale más que el esqueje disponga de varios de ellos.

Del nudo nacen las raíces y de él se genera la fuerza de la vida para que crezcan los nuevos miembros. Si el esqueje es muy pequeño, podemos perderlo, ya que la planta se consumirá a sí misma para generar nuevas raíces y, si no es suficientemente fuerte, no logrará completar el proceso.

Al menos uno de los nudos debe quedar cubierto por el método que escojamos. En los años que llevo experimentando con la reproducción de las plantas, mis métodos de propagación favoritos y más eficaces son a través del musgo *Sphagnum*, la perlita y el agua. Con los dos primeros no es preciso adaptar las raíces al pasarlas a la maceta, ya que en musgo y perlita las plantas captan el oxígeno de manera similar a lo que sucede en el sustrato tradicional, a través del aire.

En agua:

Una vez cortado, introduce el esqueje en un recipiente con agua. Cuando utilizo este método, hasta que brotan las primeras raíces, solo pongo un dedo de agua. De este modo, al haber poca agua, por un lado la planta se ve obligada a desarrollar las raíces para alcanzarla y, por otro, evitamos que se ahogue o se acomode al tenerla en cantidad abundante. Las plantas responden al estímulo del agua mediante el hidrotropismo, que consiste en el crecimiento de las raíces siguiendo el agua.

Una vez salen las primeras raíces, añado más agua al recipiente. Si vas a mantener los esquejes en agua durante mucho tiempo, puedes compensar la falta de nutrientes con una gota de abono líquido una vez al mes.

Ten en cuenta que las raíces que crecen en agua captan el oxígeno de manera diferente a la habitual. Las raíces de agua son más blandas y más porosas, por lo que cuando decidas pasar el esqueje a sustrato deberás adaptarlas al nuevo medio. Retira el esqueje y, en el mismo vaso, mete musgo hasta que absorba el agua y quede un poco empapado. Escurre el exceso de agua. Coloca el esqueje entre el musgo y no vuelvas a regarlo hasta pasados unos días (el agua se habrá ido evaporando). Cuando riegues, hazlo con el vaporizador en modo chorro.

En perlita:

La perlita es un mineral muy ligero procedente de roca volcánica de pH neutro que retiene la humedad y favorece la aireación. Se usa en cultivos hidropónicos, en los que se prescinde totalmente de la tierra; solo se emplea agua y soluciones minerales.

Coge un vaso y llénalo de perlita, añade agua y espera a que la absorba. Unos minutos después, retira el exceso de líquido (deja solo un dedo de agua) e introduce los esquejes. Deberás mantener ese dedo de agua durante todo el proceso. En menos de 15 días la planta habrá desarrollado sus primeras raíces.

En musgo:

Coge un puñado de musgo, ponlo bajo el grifo y, cuando esté bien empapado, escurre el exceso de agua dándole un apretón con las manos (con uno es suficiente). Ponlo en un vasito y mete el esqueje dentro. Si puedes, cúbrelo con papel de film para ayudar a generar un ambiente más cálido y húmedo que favorezca el crecimiento de las raíces.

¿Cuándo se podrá plantar? No hay una regla básica, pero puedes guiarte por unos 3-5 cm de raíz.

TIPS: OTROS MÉTODOS PARA PROPAGAR

Propagar por hoja es fácil con plantas como las suculentas. Quita unos gajos y déjalos apoyados sobre sustrato para suculentas previamente humedecido con un vaporizador. A medida que esa hoja se vaya consumiendo, irán creciendo las primeras raíces y de ahí emergerá una nueva planta. Es normal que ese gajo se consuma; se desprenderá cuando la nueva planta crezca.

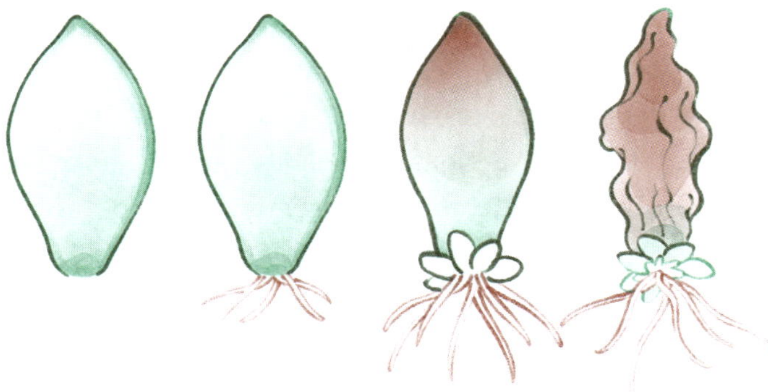

Si quieres propagar a partir de una hoja de begonia o peperomia, colócala sobre musgo en un táper y hazle unos cortes como estos, de ahí crecerán las raíces y nuevas hojas. O incluso desde el tallo en agua.

PLANTAS DE TEMPORADA: *CALADIUM* Y *OXALIS*

Órganos de almacenamiento

Se denominan «plantas de temporada» a aquellas que nacen y mueren en el mismo año. Dicho así suena un poco triste, pero de lo malo a veces sale algo bueno, y estas son plantas que podemos replantar año tras año y, si seguimos algunos consejos básicos, sobre todo de conservación, vivir un proceso casi infinito.

Hay dos tipos de plantas de temporada:

Anuales: se plantan en primavera o verano y crecen ese mismo año hasta que llega el otoño y desaparecen con el frío.

Bianuales: necesitan mucho más tiempo para florecer; se plantan a finales del verano o mediados del otoño y florecen al final del invierno o en primavera.

Este tipo de plantas suelen ser bulbos o tubérculos y algunos de mis favoritos, sin duda, son los *Caladium* (o caladios) y las *Oxalis triangularis*.

Los caladios son las plantas tropicales con los colores más mágicos que he visto nunca. Hay muchísimas variedades y sus estampados son casi irreales. Sus hojas son obras de arte, algo así como el papel de seda pintado en acuarelas, y a la luz del atardecer, cuando el color oro atraviesa sus hojas, sus colores se encienden cual fuego y son un deleite para los sentidos.

Las *Oxalis* también son otra maravilla de la naturaleza. Son plantas con sensibilidad lumínica, lo que hace que, según incida la luz sobre ellas, tengan una posición u otra. Y a lo largo del día es como ver pasar una bandada de mariposas que vuelan ante ti para recordarte, una vez más, que la belleza está en los detalles.

A los caladios y a las *Oxalis* les gusta la luz intensa y toleran algo de sol directo, excepto el de las horas más potentes. Son de climas cálidos y aprecian un alto nivel de humedad ambiental. Por mi experiencia, adoran las vaporizaciones de agua pero no toleran el sustrato excesivamente húmedo. Aléjalos de las corrientes de aire.

Este tipo de plantas son muy decorativas, lucirán perfectas durante toda la temporada de primavera-verano, pero a comienzos de otoño esa belleza comenzará a apagarse y será como el final de una ópera dramática. No obstante, te aseguro que también hay belleza en ello. Cuando ocurra esto, corta los riegos por completo y recorta todos los tallos desde la base. Si lo haces antes de que se marchiten del todo podrás prensar sus hojas o hacer composiciones fotográficas. En mi opinión, es mejor cortarlos cuando empiezan a apagarse y no dejar que se agoten del todo.

Antes de sacar los tubérculos, comprueba que el sustrato está completamente seco.

(Véase «Cómo conservar los tubérculos de un año para otro» en p. 134).

Las alocasias también suelen apagarse un poco en invierno, tenlo en cuenta.

TIPS: CÓMO CULTIVAR TUBÉRCULOS

Cultivar caladios:

Selecciona una maceta de 17 cm de diámetro para cada tubérculo. Recomiendo usar macetas de plástico transparente para vivir todo el proceso, ya que sus raíces son dignas de admiración. También puedes juntar distintos tipos en una misma maceta (mínimo de 20 cm de diámetro) y hacer diferentes mezclas de color. La combinación de *Caladium Miss Muffet* y *Caladium Sweetheart* es una de mis favoritas. ¡Quedan preciosas!

Prepara la receta de sustrato con los ingredientes necesarios (véase «Recetas de sustrato» en p. 27). Expande una base de arcilla y añade un par de puñados de la mezcla como base. Coloca el tubérculo en el centro de la maceta en la posición adecuada y recúbrelo con más sustrato. Riega despacio cerca del borde de la maceta de manera circular hasta que veas que el sustrato se humedece. No riegues en exceso.

Coloca la maceta en una zona iluminada y no vuelvas a regar hasta 10 días más tarde. Pasado ese tiempo, las raíces comenzarán a brotar. Riega siempre con poca cantidad de agua. No dejes que el sustrato se encharque; los tubérculos son bastantes sensibles a pudrirse.

Clave: con los caladios, la clave es dejar que la parte superior del sustrato se seque entre riegos, así obligamos a la planta a que desarrolle las raíces para buscar el agua.

TUS 5 MINUTOS: TU MOMENTO ZEN

Cuando acaba la jornada de trabajo, me dedico un ratito solo para mí y es mi momento más personal; me gusta sentarme bajo el olivo y mirar el mar, escuchar los pájaros y acariciar el césped con los pies.

Me tomo ese tiempo para pensar y, de algún modo, agradecer todo lo positivo que me ha pasado a lo largo del día: un saludo por la calle, una mariposa, los abrazos de mi hijo, los mensajes con las amigas, el desenroscar de una hoja, las risas con mi marido, un cliente feliz... Pero también valoro dónde estoy y cómo soy, ya que sin eso no tendría nada de lo anterior. No es ego, es amor propio.

Hay muchos tipos de vías de escape. Yo recargo pilas paseando por el monte, con el olor a eucalipto y, ahora, también a sal. Me reconforta descalzarme un rato durante el paseo. Sé que suena un poco loco, pero te aseguro que es renovador. Sentir el contraste de las diferentes texturas del camino con la escarcha de las hojas es alucinante. La arena se siente suave y a veces ruda; el césped es muy fresquito... Unos minutos así son fabulosos.

Si no tienes posibilidad de salir a pasear entre el bullicio de la ciudad, busca un sitio que se convierta en tu espacio favorito, quizá un parque con buenas vistas o simplemente un rincón que te resulte inspirador.

Siéntate contigo.

Descansa, siente la tierra, siente tu huella en ella.

Cierra los ojos y analiza las texturas que sientes en los pies.

Dedícate unos minutos de silencio.

Inspira y cuenta hacia atrás.

Da las gracias por lo que estás pisando, da las gracias por lo que sientes, la Madre Naturaleza está en todo y todos.

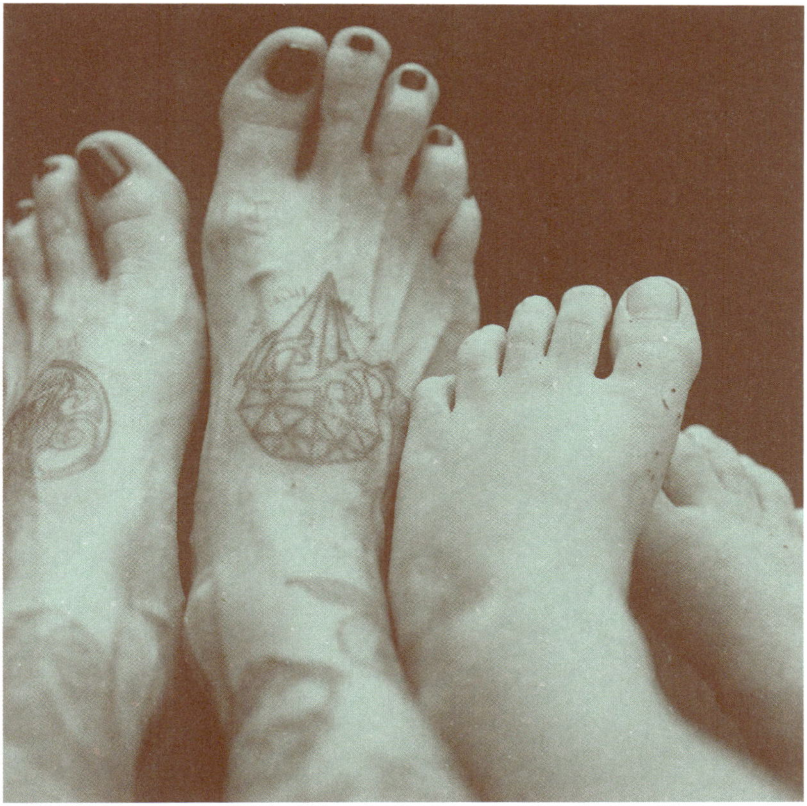

Ideas para desconectar y reconectar:

- Lee sobre huertos.
- Da un paseo en bici.
- Observa las primeras flores. ¿Cuál te ha llamado más la atención?
- Reconoce e identifica las plantas de tu vecindario. ¿Hay algún árbol o planta que te llame la atención cuando sales de casa?

Plantas purificadoras

Cultívalas para decorar y limpiar el aire de tu casa u oficina.

Son plantas muy resistentes
y necesitan poco riego.

AL AIRE LIBRE

Con la primavera y la llegada del buen tiempo, cualquier excusa es buena para salir a pasear, disfrutar del aire libre y realizar actividades en el exterior.

Nosotros vivimos en un lugar privilegiado: en mitad de la montaña y rodeados por un mar salvaje, lejos de la ciudad y del bullicio comercial. Pasear por las playas, los acantilados y los bosques de eucalipto y pino es una terapia renovadora.

Intentamos que cada caminata, aunque repitamos sendero, sea única, diferente. En Galicia las mareas son muy marcadas y el paisaje se transforma a diario de una manera espectacular y bravía. Siento que la vida bulle a mi alrededor, puedo apreciar cada aroma y cómo cambia la fuerza del viento según la marea.

Nos detenemos a observar.

Las bateas se esconden tras el brillo del mar. Los delfines saltan. Las gaviotas y los halcones surcan el cielo.

Charlamos con los *percebeiros*, que son los únicos que se atreven a sacar a bailar al mar. Paseamos por las playas inmensas frente a las maravillosas islas Cíes y al atardecer, cuando la marea baja, jugamos a hacer sombras.

En esos paseos familiares tratamos de inculcar a nuestro hijo el máximo respeto por el camino que pisamos y por cada detalle de la naturaleza que nos rodea. No dejamos de aprender sobre la madre tierra.

Recolectar hojas y elementos naturales (siempre desde el respeto) nos encanta . Hace años me compré un libro ilustrado bastante antiguo sobre plantas silvestres y ahora voy recopilando y clasificando en él las que nos vamos encontrando. Es divertido y enriquecedor. Con Jon, nuestro hijo, hacemos manualidades en los que la naturaleza es protagonista: pegamos hojas secas en láminas, creamos formas de animales y pintamos piedras al estilo mandala. Todo eso nos relaja, nos permite centrar la atención en lo que estamos haciendo y sumamos tiempo de calidad y buenos recuerdos familiares.

Mi amiga Loren Casas (@thoma salm3ida) es una gran artista y una fuente de inspiración en estos temas; tiene un perfil con un contenido precioso basado en la naturaleza al que te recomiendo que le eches un vistazo.

Foto cedida por Loren Casas

HERBARIO

Un herbario es un pedazo de historia natural, un compendio de conocimiento y una actividad de conservación con alma.

En los herbarios se coleccionan diferentes especies de plantas, flores, frutos y semillas previamente secadas y prensadas, con su nombre científico, su nombre vulgar, el lugar y la fecha de recolección y cualquier dato sobre la especie en cuestión que pueda resultar interesante, incluso el color que tenía cuando la recolectamos.

Es una actividad muy entretenida que permite conocer mejor el entorno, coleccionar recuerdos de algún viaje o guardar hojas de nuestro propio jardín.

Cuando salgas a recolectar, llévate una bolsa de plástico de cierre zip o una libreta y guarda ahí las muestras, cada una en una página diferente; así no se deformarán de camino a casa.

Antes de recolectar una planta, asegúrate de que no es una especie protegida. No la dañes en su totalidad, toma una o dos muestras de la misma especie para conservar la máxima información posible. Selecciona una flor, hojas, semillas y trátalas con mucho cuidado.

Aprovecha las páginas del herbario que encontrarás aquí para recolectar hojas o flores en este libro.

Sería genial que ahora mismo, en este preciso instante, guardases en esta página tu primera hoja y anotases la fecha y la hora exacta. Así siempre recordarías este instante.

Comienza aquí tu herbario

DIY: PRENSA

Con las hojas que recojas cuando salgas de paseo también puedes diseñar elementos decorativos para el hogar.

Qué necesitas:

Tendrás que prensar y secar las hojas, y la prensa casera que te propongo se compone de...

- 2 planchas de madera laminada A4 (se pueden comprar en papelerías) para las tapas prensadoras.
- 2 tensores para hacer presión.
- Láminas de cartón corrugado para intercalar entre las muestras.
- Hojas de papel de periódico o tela de mopa para el secado de las muestras. La tela de mopa es muy absorbente y reutilizable.

El tiempo que las muestras tarden en secarse dependerá de cada especie, pero calcula que será alrededor de siete a diez días.

Coge un cartón a modo de base y sobre él coloca una lámina de tela de mopa. Pon las muestras sobre la mopa, con delicadeza, lo más planas posible, y en el caso de las flores, colócalas boca abajo.

Una vez colocadas, añade otra capa de mopa por encima, cubriendo las muestras con él.

Coloca otro cartón encima para que vaya haciendo presión y repite el proceso con cada una de las diferentes especies.

Cuando tengas listas todas las muestras, será el momento de proceder al montaje, cierre y compresión de la prensa.

El orden será el siguiente:

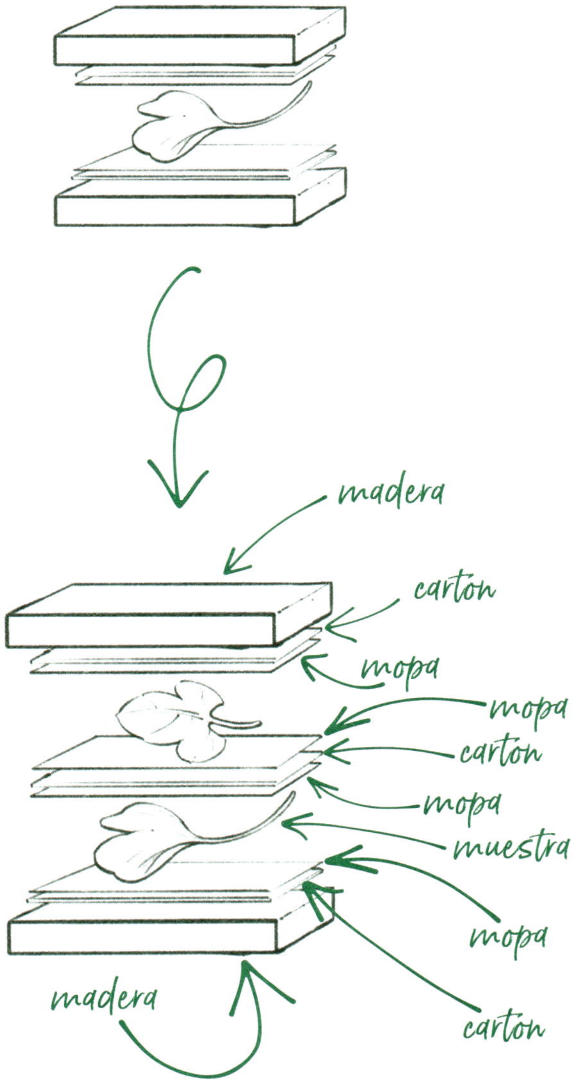

DIY: HERBARIO

Materiales:

- Cartulinas A4 para las hojas del herbario
- Papel de seda del color que te guste
- Cinta adhesiva de tela
- Bolígrafo permanente

Inspiración:

1. Para hacer una lámina del herbario, dobla la mitad de una cartulina de tamaño A4.
2. En el lado derecho apoya y pega la planta con un pedazo de cinta adhesiva de tela de lino (queda más estético que las de plástico).
3. Anota los datos de referencia de la planta y personalízala con tus propios dibujos.
4. Antes de doblar el lado izquierdo de la cartulina, coloca una lámina interior de papel de seda entre la planta y la cartulina, eso le dará un toque más bohemio y ayudará a la conservación del espécimen.
5. Colocarlas por orden alfabético te facilitará encontrarlas si necesitas consultarlas en un futuro.
6. Recuerda: las plantas secas también pueden sufrir ataques de hongos o insectos, por lo que es importante examinarlas y fumigar si fuera necesario.

REUTILIZA Y RECICLA: BOTELLAS DE PLÁSTICO

Me encanta sacarle el máximo partido a todo, darles mil y un usos a las cosas antes de tirarlas, así que siempre tengo algún proyecto de reciclaje en mente.

Las botellas de plástico nos ofrecen infinidad de posibilidades aplicables a nuestros experimentos botánicos.

Botellas de plástico para plantas aromáticas

- Con las dos partes de una botella cortada por la mitad y una cuerda de algodón puedes hacer una maceta hidropónica. Este tipo de macetas son muy apropiadas para las plantas aromáticas porque si te despistas con el riego se secan muy rápido.
- Si cortas la botella por la mitad puedes hacer un terrario.
- Con la parte de arriba puedes hacer una cúpula y añadir un extra de humedad para las plantas que más la necesitan.
- Si las pintas con pintura a la tiza y añades un par de cuerdas puedes crear macetas colgantes.
- Cubriéndolas con cuerdas y pegamento salen cestas muy bonitas.

Si quieres saber más sobre plantas aromáticas, ve a «Plantas aromáticas y botiquín natural» en la p. 142.

Macetas colgantes

Cúpula

Terrario

Maceta hidropónica

VERANO

Cuida tus plantas
para que ellas
cuiden de ti

VERANO

DESCONECTAR PARA CONECTAR

El verano es la estación más disfrutona del año, la época vacacional por excelencia, y basta con salir a la calle para notarlo en el ambiente. El sol da vida a todo y a todos, no solo a las plantas.

En verano nos organizamos para tener más tiempo libre, el sol nos motiva y los días se alargan casi hasta el infinito (en Galicia anochece prácticamente a las once de la noche). Mi depósito de energía está a tope y desbordante, lo que puede llegar a ser intenso e irritante al mismo tiempo.

Nací un 21 de junio, es decir, en el solsticio de verano, alineación astronómica que anuncia el cambio de estación y la llegada de una época llena de *flow*.

Es momento de disfrutar, de descansar, de desconectar, de pasar tiempo con la gente a la que quieres, de vivir nuevas experiencias... Los días de playa y montaña se suceden. Las reuniones, los encuentros y las comidas improvisadas con los amigos marcan instantes mágicos. Las islas Cíes, Sanxenxo, Málaga, Ibiza, Barcelona... más que lugares son personas.

En nuestra familia disfrutamos perdiéndonos en la naturaleza salvaje, viviendo libres de horarios y recorriendo las calas más solitarias de agua cristalina con nuestros amigos isleños. Comemos bocatas y mucha fruta, y buceamos durante horas en el Mediterráneo. También solemos bailar descalzos hasta el amanecer, como dicen las canciones de moda, aunque nunca me haya gustado seguir las modas.

Tener el invernadero y llevar una empresa siendo autónoma es muy sacrificado, más aún si tratas con seres vivos, así que este verano pasado no pudimos movernos de Galicia, pero recibimos la visita de algunas personas maravillosas. Y al mal tiempo, ¡mejor cara! Buscando lugares nuevos encontramos un paraíso al lado de nuestra casa. Tiene unos columpios infinitos que te hacen volar sobre un gran estanque. Una tirolina que se acerca al cielo y te salpica de buena energía mientras desde allí observas los nenúfares, los helechos gigantes y hasta un *recuncho de amor* («rincón de amor» en gallego).

Hemos coleccionado recuerdos imborrables.

¿Y tú? ¿Qué sientes con la llegada del verano?

PUESTA A PUNTO ESTIVAL: EL CALOR SOFOCANTE DEL VERANO

Durante los meses de verano tendrás que estar un poquito más pendiente de tus plantas, ya que los golpes de calor repentinos pueden ocasionar algunos «dramas». Si tú tienes calor, ellas también. Es importante que añadas un día más de riego a la semana en el calendario; las elevadas temperaturas harán que el agua se evapore con más rapidez, y hay que evitar a toda costa que las plantas se deshidraten o que sus hojas se agrieten.

Algunas plantas te pedirán un extra de humedad; a mí me gusta añadir arcilla expandida en la base de las macetas (véase dibujo en p. 31), tanto en las decorativas como en el plato de las macetas de terracota. Añadir un dedo de agua los días de más calor ayudará a incrementar la humedad y la transpiración y evitará que se pudran las raíces por exceso de riego.

El sol en verano cambia mucho de orientación. Es probable que tengas que reubicar algunas plantas para evitar que el sol directo incida en ellas durante las horas de mayor intensidad (entre las 12.00 y las 16.00).

En espacios interiores, ten cuidado con los aires acondicionados, ya que los cambios bruscos de temperatura suelen pasar factura. En general, evita las corrientes de aire.

Las plagas también suelen aparecer en esta época del año, los climas cálidos y secos son un paraíso para los bichos, así que tendrás que estar alerta. (Véase «Cómo combatir las plagas» en p. 91).

CUÁNDO REGAR

No vaporices las plantas ni cuando el calor apriete ni a pleno sol. Riega siempre a primera hora de la mañana o de la noche, tanto las plantas que tengas dentro de casa como las de exterior.

En las hojas de las plantas hay unos poros llamados «estomas» que son los encargados de facilitar el intercambio gaseoso y favorecer así la fotosíntesis, regulando la transpiración. En los días de más calor, los estomas permanecerán cerrados para almacenar dióxido de carbono, mientras que durante las primeras horas del día, cuando las temperaturas son más bajas y agradables, los estomas se abren para absorber el vapor de agua del ambiente.

TIPS: RIEGO EN VACACIONES

La primera vez que me separé de mis plantas con motivo de un viaje estuve quince días fuera de casa. Vivíamos en Alemania y queríamos volver a España para estar con la familia y los amigos. Busqué mil métodos, y mi amiga Marta (@martadamars) me pasó un enlace con información sobre el riego por capilaridad. Eso fue mi salvación.

El riego por capilaridad es una técnica que permite que las plantas absorban el agua que necesitan a través de una cuerda de algodón que transportará el líquido desde otro recipiente, manteniéndolas hidratadas en todo momento.

Me pasé las vacaciones pensando en el lío que había montado en casa y preguntándome si daría resultado y si las plantas estarían sanas y salvas a mi regreso. Para mi sorpresa, cuando volvimos estaban todas perfectas, excepto un cactus que se había bebido los mil mares y estaba podrido. En aquella época carecía de experiencia con los sustratos, ahora sé que aquel cactus no tenía el adecuado.

Así que te dejo aquí mis trucos más efectivos para que puedas irte de vacaciones sin preocuparte por si tus plantas estarán bien. Te evitarás disgustos a la vuelta.

Nota mental: Nadie regará las plantas a tu gusto, así que más vale que no dejes a nadie encargado de esa tarea apta solo para *plantlovers*.

Lo primero que debes hacer es localizar una zona de la casa que esté bien iluminada pero en la que no haya riesgo de que dé el sol de manera directa. Pon todas las plantas juntas en esa zona. Puedes agruparlas por tamaño de maceta y tipo de riego. Con el riego por capilaridad resulta muy sencillo.

Llena un recipiente grande de agua y colócalo un poco más alto que las macetas a las que va a suministrar agua (un palmo es suficiente). Introduce un extremo de la cuerda en el fondo del recipiente y, con la ayuda de un palito, mete el otro extremo en la maceta y entiérralo un poco para que no se salga. Lo ideal es utilizar cuerdas o mechas cien por cien de algodón.

Los cactus o suculentas bastará con que los riegues antes de irte (retienen mucha humedad en las hojas y aguantan sequías en su hábitat natural), pero asegúrate de que tengan el sustrato adecuado.

Puedes ubicar las macetas más pequeñas en la bañera, en el fregadero o en un barreño con una toalla mojada a modo de base; ellas mismas irán absorbiendo el agua necesaria.

Para regar las plantas más grandes puedes utilizar un sistema de autogoteo a partir de una botella de agua de plástico de un litro y medio: hazle un agujerito en el tapón con una aguja y entierra esa parte en la maceta.

En el mercado existen sistemas de riego automático que resultan muy prácticos porque puedes controlarlos con el teléfono móvil y programar las horas de riego a tu gusto. Todo depende del tamaño de tu colección de plantas.

Recuerda probar los métodos elegidos un par de días antes de salir de viaje. Así observarás el proceso y te asegurarás un correcto funcionamiento.

TIPS: CÓMO COMBATIR LAS PLAGAS

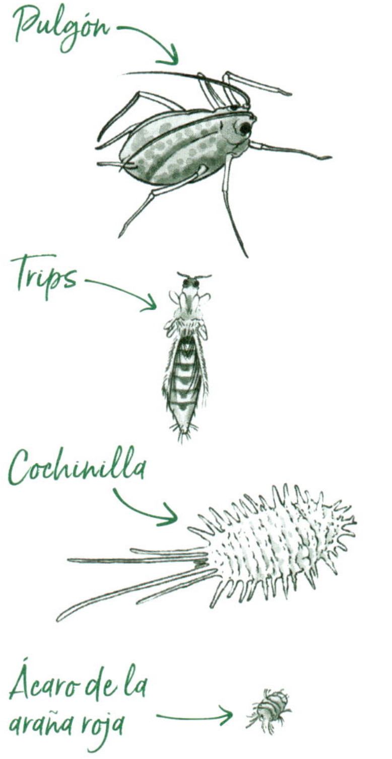

Cuando empiezas a conectar con la naturaleza, tu manera de observar cambia, te fijas en los detalles, eres más consciente de lo que ocurre alrededor.

Si notas que alguna de tus plantas está alicaída o triste, seguramente esté intentando decirte algo. Quizá necesite un cambio de maceta por falta de espacio en las raíces, es posible que precise un extra de nutrientes o... tal vez la esté atacando una plaga.

Es muy importante que limpies bien las hojas de las plantas cada 15 días. Si el polvo se acumula, no transpiran igual, y ello dificulta el proceso de fotosíntesis. Cuando las limpies, no olvides el tallo y el envés de las hojas, ya que los pequeños intrusos suelen esconderse y devorarlas a conciencia. Algunos pueden ser seres diminutos, a veces inapreciables. Si observas algún bichito, lo primero que debes hacer es alejar la planta de las demás e identificar la plaga. Aquí te dejo algunos ejemplos de las más comunes.

Una receta que me ha ido bien para eliminar casi cualquier plaga, y que es respetuosa con el medio ambiente, es una mezcla de 1 LITRO DE AGUA TEMPLADA + 1 CUCHARADA PEQUEÑA DE JABÓN POTÁSICO. Disuelve bien el jabón potásico en el agua templada y aplica la mezcla con vaporizador directamente sobre la planta.

El jabón potásico actúa por contacto en la cochinilla, la araña roja, la mosca blanca y el pulgón. Pasados unos 20-30 minutos, aclara la planta con agua para eliminar los posibles restos de bichitos.

Tras las plagas de cochinilla y pulgón suele aparecer el hongo de la negrilla (fumagina), que es como un polvo negro tipo hollín que recubre la planta. No es peligroso, pero es mejor eliminarlo. Yo lo hago poco a poco pasando un algodón empapado en alcohol rebajado en agua, y se va sin problemas. También sirve la mezcla de jabón potásico y agua elaborada antes.

Si tienes trips en tus plantas..., la cosa se complica. Es la plaga más difícil de erradicar y cansina que he tenido, ya que hay que revisar las plantas cada 3 o 4 días por sus procesos de crecimiento. Para combatirla debes añadir aceite de neem a la mezcla de jabón potásico y agua templada y no aclarar después, ya que tiene efecto repelente.

CÓMO PREPARAR LA MEZCLA:

Rellena una botella de plástico de un litro y medio con agua templada para ayudar a que el jabón se deshaga antes. Añade una cucharada de jabón potásico y 3 mililitros de aceite de neem. Agítala con fuerza. Rellena un vaporizador con la mezcla y conserva el resto en la botella.

El aceite debilita el sistema inmunitario de los bichos y no les permite comer ni desarrollarse, con lo que acaban muriendo. Es muy importante que el aceite de neem tenga la suficiente concentración de azadiractina para que sea efectivo.

El jabón actuará como surfactante aumentando la capacidad de adherencia del aceite con el agua y así poder repartir mejor el producto.

Rocía toda la planta con la mezcla: el dorso y el envés de las hojas, los tallos y también el sustrato. Al tratarse de un proceso ecológico, es posible que tengas que repetirlo. Si pasados 4 o 6 días la plaga continúa, vuelve a rociarla.

Puedes guardar esa botella para más ocasiones, ya que la mezcla no caducará. Al ser biodegradable, tampoco hace daño al medio ambiente, y ese es un valor fundamental.

NO APLIQUES esta mezcla en cactus, suculentas y demás plantas crasas; el jabón elimina la pruina, una capa blanquecina que regula la humedad de ciertas plantas y las protege de las quemaduras y la putrefacción, ya que repele el agua.

Si la plaga afecta a un cactus o una suculenta, aplica la tierra de diatomeas, en seco, con un pincel, directamente sobre los bichitos o las zonas afectadas.

Si los hongos se han apoderado de la planta, te recomiendo que acudas al vivero a por un fungicida especializado. Si es algo leve, prueba con algún remedio natural. Yo he utilizado la leche como fungicida natural con muy buenos resultados: humedezco un algodón en un poco de leche, doy toquecitos sobre la zona afectada y limpio el exceso con papel absorbente. Con las *Begonia maculata*, muy propensas a los hongos, me funciona genial.

Ahora bien, mi recomendación más sincera es que cuando hayas identificado la plaga vayas a lo seguro: acude a tu vivero de confianza y busca un fitosanitario para la plaga en cuestión. Estos productos están regulados y, aunque son químicos, en las cantidades indicadas suelen ser efectivos a la primera, y se evita el riesgo de que la plaga se propague a otra de nuestras plantas.

EMOCIONARIO: AGUACATE *EXPERIENCE*

La primera vez que germiné un hueso de aguacate volví a ser una niña inquieta, sedienta de conocimiento. Hacía tiempo que no tenía esa sensación y fue como una brisa fresca que te provoca escalofríos y, a la vez, te recuerda que estás vivo y que hay vida infinita a tu alrededor. Además, con ello gané meses de paciencia.

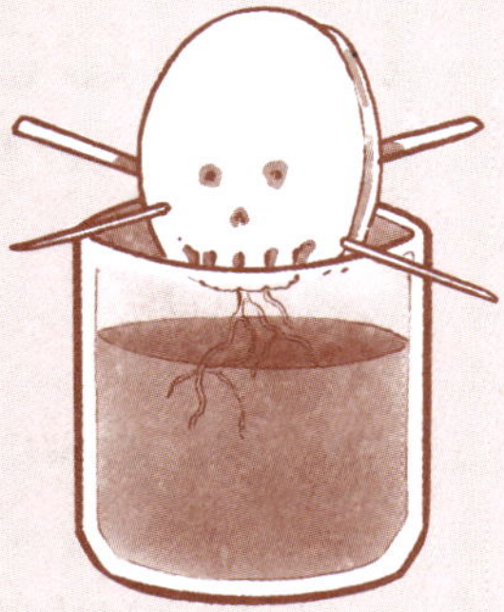

Como quien no quiere la cosa, y sin saber qué me esperaba, puse a germinar un hueso de aguacate con el método de los palillos, que viene a ser algo así...

Todos los días, varias veces al día, iba a ver cómo estaba aquella bolita pinchada con palillos. «¡Menudo crimen!», me decía a mí misma. Era como una calavera pirata. Pasaban las semanas y la bolita seguía igual, ni se inmutaba, y yo cada día estaba más interesada y ansiosa por ver lo que ocurriría.

Un día, tras dos meses de espera, así sin más, el hueso se partió como un pollito que saliera del huevo. Quizá suene ridículo, pero ¡madre mía, qué emoción! Llevaba mucho tiempo esperando ese momento y el corazón me iba a mil por hora.

Pasaron dos semanas más hasta que un pequeño brote empezó a asomar la cabeza. Yo estaba muy acelerada, la situación era pura emoción y cada avance era una nueva meta. Lo estaba viendo nacer.

Cuando ya brotó el tallo y se desplegaron sus primeras hojas, supe que quería tener esta sensación siempre en mi vida. Qué maravilla, qué ciencia y qué perfección. Tantos siglos de evolución para deleitarnos de esa manera con un pequeño brote. Eso es pura y simple felicidad.

Mi visión cambió en ese instante. Ya no miro, ahora observo. Aprendí mucho a raíz de aquello, y con el tiempo he mejorado la técnica. Apliqué la única clase de ciencias que recuerdo de la infancia, en la que germinábamos semillas de judías en algodones.

TIPS: CÓMO GERMINAR UN HUESO DE AGUACATE

#AFLOWCADO #AFLOWCADOEXPERIENCE

Germinar un hueso de aguacate puede ser un ejercicio de paciencia muy entretenido.

Con este método que te enseñaré el proceso es más fácil que con el de los palillos. El tiempo que tarde en brotar dependerá del propio hueso, las condiciones de tu hogar y la época del año en la que lleves a cabo esta experiencia. (El tiempo aproximado de espera es de entre 15 y 30 días).

Puedes probar con otros frutos, como el mango, las ciruelas, las cerezas, la bellotas, los nísperos... Te recomiendo que consumas y utilices productos ecológicos o bio, ya que estos no llevan compuestos que retrasen la maduración.

GERMINACIÓN

Materiales:

- 1 aguacate
- 1 hoja de papel de cocina
- 1 bolsa con cierre zip o bote de cristal con tapa.

Herramientas:

- 1 cuchillo
- 1 vaporizador con agua

1

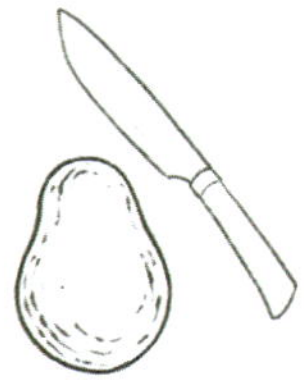

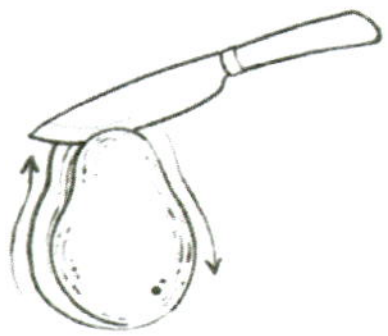

2

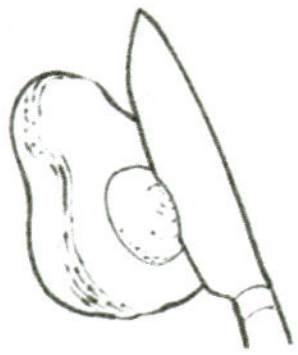

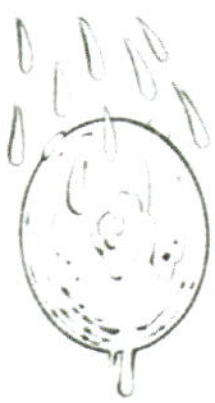

4

Proceso:

1. Con un cuchillo corta el aguacate de arriba abajo por la zona central, empezando por la parte fina y acabando en la más gordita.
2. Separa el hueso de la fruta y límpialo con agua para retirar los restos.
3. Quítale la piel al hueso, ya que esta suele avinagrarse en el proceso.
4. Prepara una hoja de papel de cocina o papel absorbente y humedécela con un poco de agua. Debe estar húmeda, no empapada.
5. Coloca el hueso sobre el papel absorbente humedecido y envuélvelo en él.
6. Introduce el hueso envuelto en papel absorbente dentro de la bolsa con cierre zip o en el bote de cristal con tapa.
7. Cierra el zip de la bolsa o ponle la tapa al bote. Así la humedad se mantendrá constante y el efecto invernadero hará su función.
8. Ubícalo en una zona que no le dé el sol directo, por ejemplo, detrás de una maceta.
9. Después de 15 o 20 días, comprueba si el hueso se ha despertado. Lo sabrás porque suele partirse por la mitad para dejar asomar las primeras raíces. Si abres la bolsa y el hueso no se ha partido o no ha empezado a brotar, vuelve a ponerlo en su lugar unos días más. En el caso de que el hueso haya despertado y asome un poquito de raíz, tienes varias opciones:

5

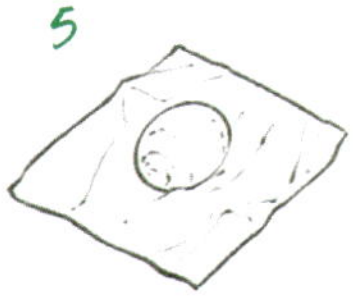

6

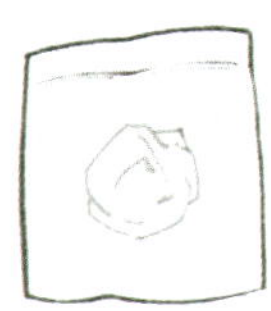

9

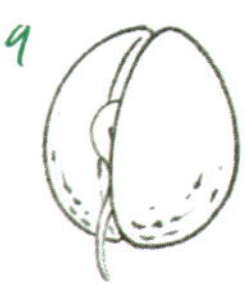

- Ponerlo en agua y vivir el apasionante momento de ver sus raíces desarrollarse.
- Plantarlo directamente en una maceta.

También puedes germinar más de uno y probar ambos procesos para ver cuál te da mejor resultado.

Para mí, colocarlo en un tarro transparente o en una botella decorativa es la mejor opción, ya que permite seguir disfrutando del proceso de crecimiento. Recuerda, cuanto mayor sea el recipiente, más raíces crecerán y más magia verás. Ve a la página 176 para descubrir cómo crear bases de arcilla para los huesos germinados.

El hueso de aguacate tiene forma de gota de agua. Así es como debes orientarlo. Con que la raíz toque el agua es suficiente.

Pero si las raíces tienen un crecimiento raro o mal orientado, no te preocupes, apóyalo igualmente intentando no dañar las raíces y en cuanto estas huelan el agua, se girarán en su búsqueda en menos de 24 o 48 horas y se adaptarán a su posición correcta.

El tallo debería comenzar a brotar pasadas unas semanas. Para apoyarlo, en el borde de la botella puedes poner unos palillos al hueso.

Cuidados:

1. Ubícalo en una zona iluminada sin sol directo.
2. Cambia el agua cada 15 días para evitar el verdín.
3. En las épocas de mucho calor, ve rellenando el volumen del agua que se evapore.
4. Poda las hojas si se resecan.

PASAR EL HUESO A MACETA

Si con el tiempo decides plantarlo en una maceta, primero tendrás que adaptar las raíces al nuevo medio. Te recomiendo que lo hagas con musgo *Sphagnum* o musgo de turbera.

Consérvalo en el mismo recipiente, pero sustituye el agua por musgo *Sphagnum* y mantenlo siempre bien húmedo. En la primera semana, las nuevas raíces empezarán a brotar a partir de las otras y ya estarán adaptadas para captar a través del sustrato el agua y también el oxígeno. Déjalo así otros 15 o 20 días de adaptación y luego pásalo a una maceta. Al plantarlo no retires el musgo, ya que este protege las raíces.

Puedes dejar el hueso por fuera, pero ten en cuenta que a la larga se desprenderá del tallo madre. No te alarmes, es parte de la naturaleza.

Cuidados:

1. Ubícalo en una zona iluminada, sin sol directo.
2. Riégalo una vez por semana en invierno y dos veces por semana cuando comience el calor.
3. Poda las hojas cuando aparezcan zonas marrones e incrementa la humedad.
4. Abónalo cada 15 días en época de crecimiento (primavera y verano).

Para una buena mezcla de sustrato, véase la p. 28.

Si buscas algo más creativo, te propongo que hagas un bonsái con él.

DIY: AVOCADO BONSÁI

#AVOCADOBONSAI #AFLOWCADOBONSAI

Los bonsáis tienen una gran connotación histórica y son una auténtica obra de arte.

En la cultura japonesa se transmiten de generación en generación, y están asociados a la buena suerte, ya que se cree que atraen las buenas energías. También dicen que quien cuida un bonsái tiene asegurado su tiempo de paz mental diario (los 5 minutos que todos necesitamos).

Materiales:

- 1 hueso enraizado y con brote tierno.
- 1 alambre de aluminio (especial bonsáis de 1 mm)
- 1 maceta pequeña tipo bonsái
- 1 piedra decorativa (dos o tres veces más grande que el hueso)
- Un poco de musgo
- Sustrato bonsái:
  10 % humus de lombriz
  20 % akadama
  20 % piedra pómez
  20 % perlita
  30 % sustrato universal

Herramientas:

- Tijeras
- Regadera

Proceso:

- El alambrado es una técnica que se usa para modelar y dar estilo al futuro bonsái. Para poner en marcha este proceso hay que esperar a que el aguacate tenga tallo además de una buena composición de raíces. El brote debe estar tierno porque es cuando más elasticidad tiene.

- En caso de que esté maduro, la corteza del tallo puede partirse. Si te pasara esto, no abandones el experimento, corta el tallo por donde se partió y espera con ganas, ya que en un par de semanas volverá a nacer otro brote y podrás continuar.

Paso a paso:

1. Ten los materiales preparados.

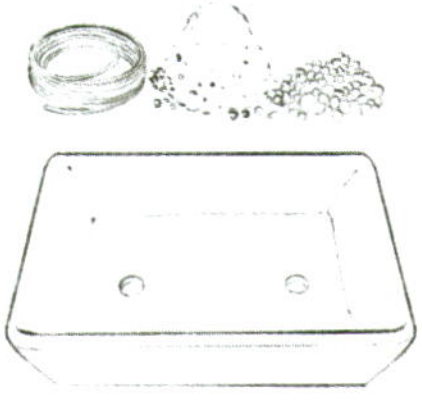

2. Introduce un trozo de alambre por los agujeros de debajo de la maceta para más tarde poder anclar el hueso del bonsái.

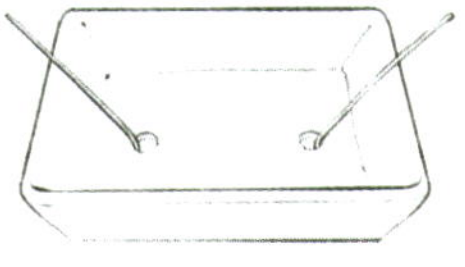

3. Añade una capa de arcilla expandida a modo de drenaje, un puñado de musgo para conservar la humedad y una buena base de sustrato.

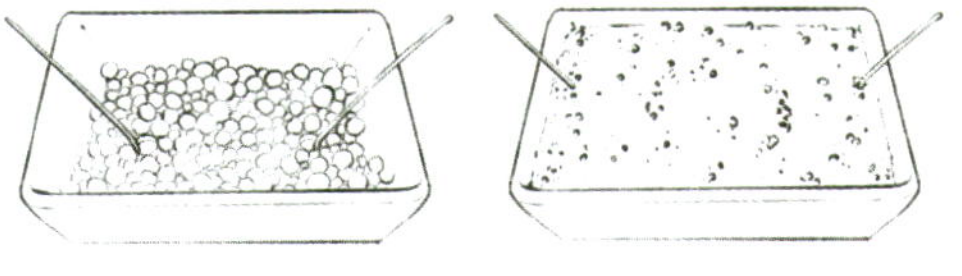

4. Coloca el hueso en la parte superior y reparte las raíces a lo largo de la maceta. Puedes usar una piedra para apoyar el hueso o hacerlo directamente sobre el sustrato.

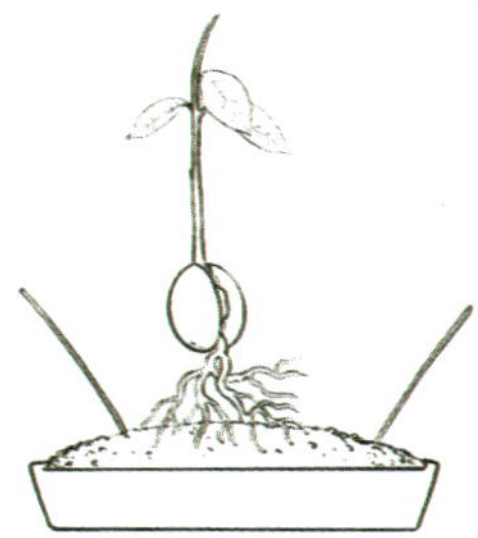

5. Sujeta con el alambre el hueso para que no se mueva, a modo de cierre, y añade más sustrato sobre las raíces, cubriéndolas por completo.

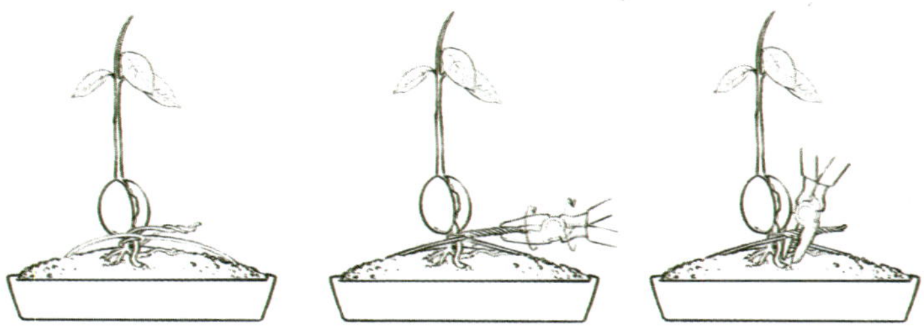

Añadir un poco de musgo en la capa superior creará un efecto de paisaje; estéticamente es mucho más bonito, pero además ayudará a mantener la humedad en las raíces y en caso de exceso conseguirás que, al evaporarse, hidrate el hueso.

Una vez hayas sellado el terreno, podrás empezar con el anillado. Antes de comenzar, visualiza el resultado y piensa hacia dónde quieres guiar el tallo para ir a lo seguro.

1. Corta un trozo de alambre que mida dos veces el tamaño del tallo del aguacate.
2. Comienza desde la base del tallo, dejando un dedo de espacio entre el hueso y el primer giro.
3. Empieza a enroscar el alambre alrededor del tallo y en línea recta hacia arriba. No lo enrosques muy junto, deja 1 cm entre pliegue y pliegue.
4. El aluminio es un material muy maleable, no te costará darle forma.
5. Cuando tengas el aluminio enroscado hasta la cima del tallo, sujeta el extremo inferior y, con delicadeza, tantea el tronco. No lo fuerces, solo gira hacia en el sentido hacia el que fluya la pieza naturalmente.
6. Moldéalo con cuidado hasta conseguir la forma deseada.

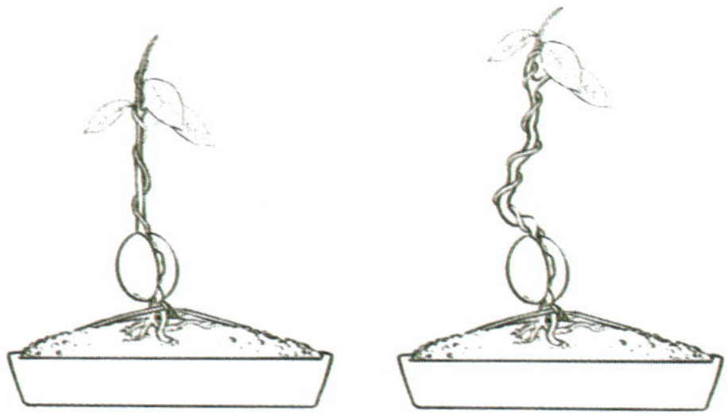

Cuidados:

- Ubícalo en una zona iluminada, sin sol directo para que el hueso no se queme.
- Riégalo con un mínimo de agua todos los días; te recomiendo una regadera de pitorrito fino.
- Abónalo cada 15 días en época de crecimiento.

PLANTAS EPÍFITAS

Un tipo de plantas que me cautivaron a la primera fueron las epífitas. Su nombre viene del griego *epi* («sobre») y *phyton* («vegetal») porque crecen y se desarrollan sobre otros vegetales y no necesitan estar ancladas al suelo para crecer. Captan los nutrientes a través del ambiente, de la lluvia, de los restos de la naturaleza que caen sobre ellas y solo utilizan las raíces como un mero apoyo para trepar. Al contrario de lo que se pensaba, no afectan a la planta huésped, no son parásitas. Se anclan en las cortezas de los árboles en busca de luz y se adaptan y evolucionan de una manera asombrosa. Algunos ejemplos son las *Tillandsias*, las orquídeas o el helecho *Platycerium*.

Este tipo de plantas tienen un punto decorativo muy atractivo y son perfectas para proyectos DIY, pero antes de empezar un proyecto con una planta viva, has de tener clara su futura ubicación en el hogar. Una buena iluminación y orientación serán clave para el correcto proceso de fotosíntesis.

Según el espacio del que dispongas, unas formas fluirán más que otras; la pieza debe encajar visualmente en el diseño final. Las *Tillandsias* son perfectas para colgar a modo de medusas de aire.

DIY: CON PLANTAS EPÍFITAS

MEDUSA DE AIRE (*TILLANDSIA*)

Materiales:

- 1 planta de aire, *Tillandsia*
- 1 concha de erizo o minimaceta de 5 cm de diámetro (terracota)
- Hilo de sedal
- 2 enganches de pendientes

Herramientas:

- Tijeras

Paso a paso:

1. Corta el hilo de sedal unos 30 o 40 cm.
2. Anuda los enganches a cada uno de los extremos del hilo. Haz 2-3 nudos para asegurar que no se deshaga, y quema el resto.
3. En uno de los extremos engancha la planta. Atraviésala por la parte naciente o cabeza.
4. Por el otro extremo introduce la concha de erizo o maceta, ambas tienen un agujero en la base.
5. Guíala con cuidado a través del hilo hacia la planta.
6. Ajusta la cabeza de la planta en la concha y ya puedes colgarla en tu sitio ideal.

Cuidados:

1. Ubícala en una zona iluminada, tolera el sol directo.
2. Riégala cada 10-15 días por inmersión (15-20 minutos).

3. Escurre bien los excesos de agua.
4. Abónala en época de crecimiento (primavera/verano): añade unas gotas de abono líquido en el agua de inmersión; eso favorecerá su floración y crecimiento.

CUERNOS DE CIERVO VEGANO (HELECHO *PLATYCERIUM*)

Los helechos, orquídeas y bromelias quedan increíbles ancladas a piezas orgánicas, son muy decorativas en columnas o paredes.

Materiales:

- 1 planta: helecho *Platycerium*
- Base orgánica (corteza de árbol)
- Musgo
- 1 brida
- Hilo de sedal

Herramientas:

- Tijeras
- Destornillador

Paso a paso:

1. Para empezar, gira la corteza hasta que la forma encaje en la pared y resulte atractiva visualmente. Imagínate la pieza final. A veces un pequeño giro es suficiente.
2. Una vez hayas seleccionado la base, con un destornillador haz dos agujeros alineados en la zona central. Con esto te aseguras que la planta quede bien anclada en la base y no se caiga al colocarla y ponerla en vertical. Para ello introduce la brida de arriba abajo y viceversa sacándola por el otro extremo.

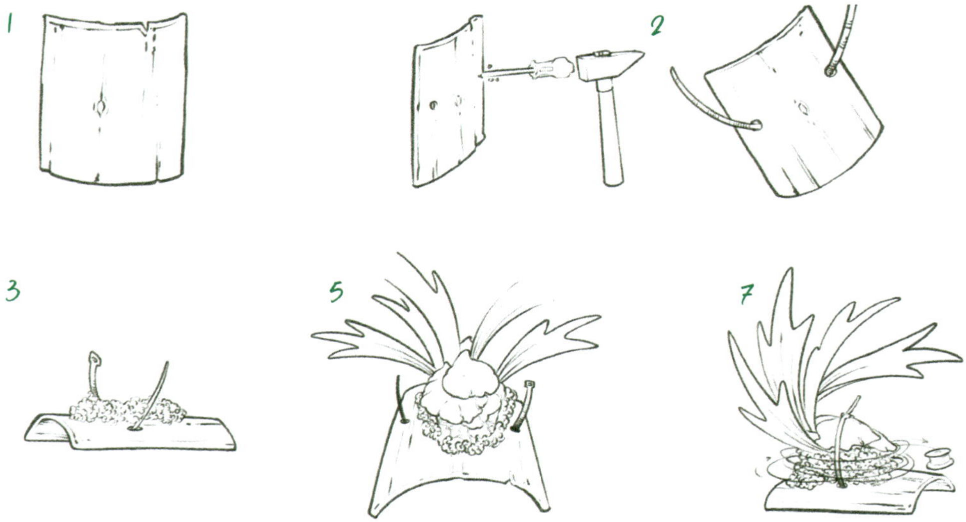

3. Humedece un puñado de musgo y colócalo sobre la corteza, entre las bridas, a modo de colchón.
4. Al sacar la planta de la maceta, limpia el exceso de sustrato intentando no dañar demasiado las raíces. Afloja el sustrato con las manos. No te asustes si alguna raíz se parte, es parte del proceso.
5. Apoya la planta sobre la camita de musgo y ajusta la brida a modo de cinturón por encima de las frondas estériles. Esas frondas tienen la misión de anclar, así que no te preocupes y aprieta la brida para que no ceda y se venga abajo. Las que no debes dañar son las frondas fértiles.
6. La brida debe ir por encima de las frondas estériles intentando no dañar las fértiles. Estas frondas están preparadas para ello, ya que son las que la planta utiliza para anclarse a los árboles en su hábitat natural.
7. Una vez anclada la planta y ajustada la brida, envuelve el sustrato que está al aire con más musgo a modo de pelotita. Esta técnica también se usa para las kokedamas.

8. Para que el hilo de sedal no se suelte, haz un nudo antes de comenzar a enroscarlo. Sujetando un extremo, estira el sedal y ata de abajo arriba. Una vez hecho el nudo, rota la base y gira la pieza hacia ti, creando una red a lo largo de ella.
9. Cuando tengas enroscada y hecha la forma de cesta, ata el hilo sobrante al otro extremo que dejaste al principio.

Cuidados:

1. Ubícalo en zonas iluminadas sin sol directo.
2. Este tipo de helecho tiene una pelusilla que protege sus frondas. Le sirve para regular la temperatura (como la pruina de las suculentas), así que no la limpies con un paño.
3. Para el riego, sumerge la pieza entera en agua durante unos 15-20 minutos. Yo las tengo en el exterior, bajo techado, y las riego con la manguera, sin mojar mucho sus frondas, solo el musgo.
4. Dependiendo del clima, deberás ajustar los riegos de uno a dos semanales, según lo seca que veas la capa externa.
5. Cada 15 días añade una gota de fertilizante al agua de riego en la que la sumerjas, o mediante vaporizador en el musgo, así suplirá las posibles carencias.

KOKEDAMAS

La kokedama es una técnica tradicional japonesa, que consiste en albergar una planta en una maceta orgánica de musgo en forma de bola, de ahí su nombre: *koke* (musgo) *dama* (bola).

Materiales:

- 1 planta: helecho, *Maranta, Asparagus*...
- Hilo de sedal
- Una plancha de musgo vivo

- Akadama
- Sustrato
- 1 bolsa de plástico
- Vaporizador de agua

Herramientas:

- Tijeras

Paso a paso:

1. Lo primero que debes hacer es preparar la mezcla de sustrato para la kokedama: en un recipiente pon una parte de sustrato universal y una parte de akadama.
2. Echa un chorrito de agua para crear barro con la mezcla. Cuando tenga una textura que se compacte al apretarla, estará lista.
3. Pon la bolsa de plástico sobre la mesa y encima pon la mezcla.
4. Forma un saquito y aprieta la mezcla hasta que hagas una bola. Una vez la tengas compacta, será el momento de envolver en el musgo.
5. Coloca sobre la mesa una capa de musgo con la parte verde hacia abajo.
6. Pon la bola de sustrato en la parte central del musgo y hazle un agujero en medio, a modo de rosquilla pero sin llegar abajo.
7. Saca la planta de la maceta e introdúcela en el agujero de la mezcla.
8. Recubre la bola con el musgo hacia arriba y átalo con el hilo de sedal en la parte superior para poder rodear a modo de cesta la bola. La clave es que el musgo quede prieto y bien sujeto.
9. Una vez tengas la bola envuelta en sedal, haz otro nudo para que no se deshaga.
10. Puedes atarla con este mismo hilo para que cuelgue o ponerla sobre un plato.

Plantas tropicales

Anthurium clarinervium
Anthurium warocqueanum
Alocasia dragon
Philodendron plowmanii
Maranta leuconeura
Philodendron verrucosum

TUS 5 MINUTOS: YO ME CUIDO

Somos una generación muy influenciable, destinada a compartir, publicar y repetir, lo que hace que nos alejemos de lo que verdaderamente somos y nos acerquemos a la persona que creemos que los demás quieren que seamos.

Pasamos muchas horas en un mundo virtual con la intención de conectar, de estar al día de todo, y a menudo nos perdemos lo que tenemos enfrente.

Te invito a que dejes el móvil a un lado y conectes contigo de verdad, como antiguamente, sin tecnologías de por medio. Te invito a que te cuides durante unos minutos.

Yo me cuido...

- Cuando veo a Dani y Jon sonreír y me brillan los ojos.
- Cuando camino por el jardín hacia el invernadero cada mañana y siento el rocío del amanecer.
- Cuando mi gato me busca y me habla con la mirada.
- Cuando debatimos y reímos en las sesiones de vinoterapia online con las amigas.
- Cuando me escapo con la cámara y me vuelco en mi mundo más creativo.
- Cuando aprendo de la naturaleza y me motivo a experimentar con ella.
- Cuando paseamos en familia por el monte y respiro aire fresco con regusto a eucalipto y a mar salada.
- Cuando meto las manos en la tierra, me mancho y después me limpio a conciencia las uñas negras.
- Cuando desenredo los tallos de una *Woodii* o saco brillo a las impresionantes hojas de una *Monstera*.
- Cuando bailo al ritmo que me marcan los lunares de las *Maculata* y cuando, con solo cerrar los ojos, siento el tacto aterciopelado del *Anthurium clarinervium*.

Sí, lo reconozco, sueño despierta con los patrones que se dibujan en las hojas de las *Marantas* y con los gustosos pelitos de los *Philodendron verrucosum* y *squamiferum*.

Yo me cuido así.

Este verano, te invito a que grabes nuevos recuerdos en tu memoria. Busca nuevas experiencias y rétate a probar nuevas sensaciones:

- Da un paseo por la playa.
- Prueba un nuevo sabor de helado (dulce de leche y limón es una combinación que me encanta).
- Dibuja tu nombre en la arena y observa cómo lo borran las olas del mar.
- Aprende una nueva canción y cántala en la ducha.
- Date un baño de espuma y brinda contigo.
- O apúntate a clases de cerámica.
- Renueva tu perfume con nuevos aromas.
- Haz un álbum con fotos antiguas o con las peores de tu historia; seguro que te echas unas risas.
- Atrévete con una nueva receta.
- Prueba una comida de un país lejano.

AL AIRE LIBRE

VISITAR UN JARDÍN BOTÁNICO DURANTE LAS VACACIONES

Cuando viajo suelo visitar los jardines botánicos de las ciudades a las que vamos. Me encanta perderme por ellos, explorar los rincones y descubrir nuevas especies con cada vistazo. Fotografío cada esquina y cada pequeñez que capta mi atención. Mezclar mis dos pasiones, la jardinería y la fotografía, es maravilloso.

Las horas en estos espacios pasan volando. Las galerías de cristal son impresionantes refugios verdes para plantas de todas las especies que allí alcanzan sus máximos. La sensación de estar en la selva se hace latente. La sección de plantas tropicales es una de mis favoritas, aunque se me empañen las gafas y el objetivo de la cámara. En ese instante suelto todo y disfruto del momento; me rindo ante los philodendros, los nenúfares y las extremas condiciones ambientales.

En una de esas escapadas nacieron los *meetings* planternales que ahora son reuniones presenciales de *plantlovers* para desvirtualizarse, compartir esquejes y disfrutar de unas horas llenas de inspiración sin pantallas de por medio. Estos encuentros me han aportado muy buenas amistades que siempre llevo en el corazón.

De hecho, con Marta (@losroco) nos unió nuestra pasión por las plantas. Comparamos experimentos plantiles y los comentamos du-

rante horas. Aprendo mucho cuando estamos juntas, y no solo sobre plantas. Aporta momentos de claridad y calidad a mi vida. Lloro con ella de alegría, disfruto al máximo de cada instante en su compañía. Me ayuda a vencer las inseguridades y calma mis penas. Somos muy distintas y a la par muy iguales; es un apoyo tremendo para mí.

En el primer encuentro que organicé en Barcelona conocí a mi amiga Alba (@verdopolis). Me encantó la paz que transmitía, su energía, su tono de voz calmado que me centra y me llena el corazón. Es bióloga y fundadora de Club Verdópolis, un espacio donde aprender y disfrutar de la botánica, del cual soy miembro desde el primer día. Es una persona que aporta mucho contenido de calidad y valor a esta comunidad, además de ser una reconocida amante de los helechos y la causante de mi helechofilia, término que ella misma ha generalizado. Propagar mediante esporas es el reto personal que me he propuesto conseguir este año.

Helechofilia: Instinto primitivo que se despierta en mí cuando los helechos están cerca; una conexión innata que hace que necesite tocarlos, olerlos y sumergirme en ellos.

Alba @verdepolis

Este verano, Alba vino a pasar unos días a nuestra casa en Galicia y organizamos un taller botánico juntas. Fue una experiencia gratificante y reveladora. Además, mis dos grandes apoyos, Alba y Marta, se conocieron en persona y fueron unos días mágicos. Las plantas unen y nos unieron para siempre.

Teníamos claro que no queríamos perdernos la visita al Jardín de Helechos de Ángel Covelo en Donas: Gondomar. Una lugar escondido y precioso de gran valor cultural y botánico. En esas horas aprendimos mucho gracias a Ángel, cuya pasión y autenticidad nos calaron hondo. Fue maravilloso sentir a mis amigas tan emocionadas por lo que estábamos viviendo. Años y años de esfuerzo en cada una de las especies que allí descubrimos. Mi marido se enamoró de todos los arces que allí crecían, nunca habíamos visto nada igual.

¿Y tú? ¿Cuál es tu jardín botánico / jardín / parque favorito?

OBSERVAR LAS PERSEIDAS

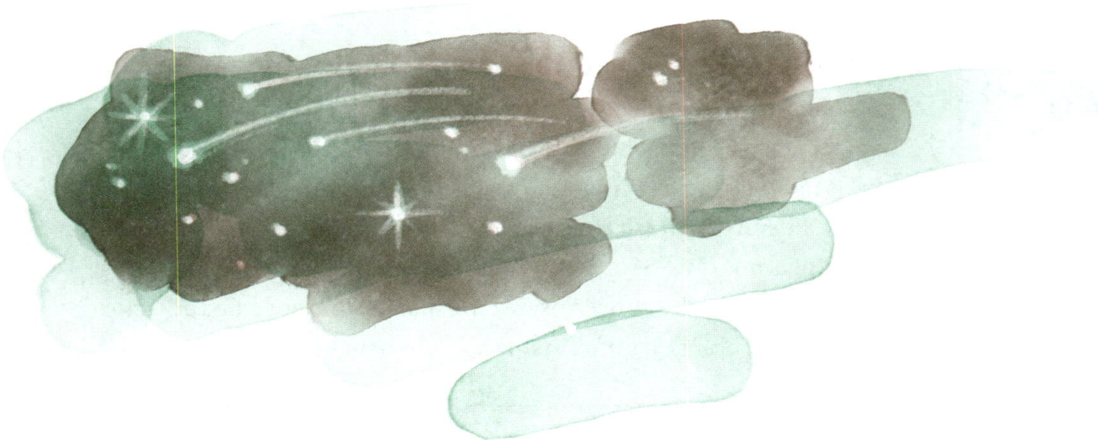

Otra actividad que hicimos en verano y que recomiendo muchísimo es salir a pasear por la noche y cazar Perseidas.

Las Perseidas son una lluvia de meteoros que tiene lugar año tras año durante los meses de julio a agosto. Ciertas noches son más propicias para verlas; hay que estar atentos y tener paciencia. Salimos a pasear por Iron Hill, donde tenemos unas vistas estupendas. Buscamos un lugar oscuro y plano donde tumbarnos para observar las estrellas.

Con la emoción, nos olvidamos las mantas en el coche y acabamos tumbados en un camino de arena, bañados por la oscuridad de la noche. No se veía nada más que el cielo estrellado, los sonidos alrededor hicieron que se nos acelerara el corazón en más de una ocasión. Yo trataba de permanecer en silencio y con las manos pegadas al suelo para hacer más real y palpable la experiencia, tocando a la madre tierra y dejándola fluir entre mis dedos. Se respiraba una energía mágica y llena de emoción.

Las risas hacían eco entre los árboles y teníamos los sentidos a flor de piel. Se me caían las lágrimas de las carcajadas y llegué a perderme varias ráfagas de estrellas. Pero por un momento todo quedó en silencio y me sentí tan conectada, tan diminuta y a la vez tan perfecta como un buen acorde de una canción..., y la siguiente lágrima fue de pura emoción. Por aquellas fechas ya estaba escribiendo este libro y supe que ese momento tan inspirador debía estar aquí, debía compartirlo.

Fue increíble vivir y compartir esa experiencia con Alba, Pilar, Iris y mi Dani.

HERBARIO

Estas hojas en blanco son para tu propia historia.

Recolecta algunas hojas para la prensa.

Si lees este libro al aire libre, mira alrededor y guarda en tu recuerdo este momento para siempre.

Continúa aquí tu herbario

REUTILIZA Y RECICLA: MACETAS ÚNICAS

MACETA DE PAPEL

Recicla una bolsa y obtén un cubremacetas.

Con una bolsa de papel puedes hacer un cubremacetas para tus plantas y así ocultar las macetas de plástico y ahorrar un poquito en las de cerámica.

Lo primero, arruga la bolsa para darle textura de tela.

Si tiene algún dibujo o publi puedes ocultarlo dándole la vuelta a la bolsa.

Pliega las asas hacia dentro para ocultarlas y pon un plato en el interior para evitar que se moje el papel durante los riegos y mete la maceta de plástico. Y ¡listo!

MACETA JEANS

Cuando llega el verano y hago cambio de armario, acabo cortando algunos de los vaqueros o pantalones más antiguos o desgastados que tengo, los convierto en shorts y así les doy una nueva vida.

Si tú también customizas tus pantalones, solo necesitas aguja e hilo para hacer un cubremacetas de tela vaquera. Te explico cómo: dale la vuelta a la pieza (tendrás que coserlo del revés), sigue los pasos del dibujo y, cuando esté cosido, anuda y vuelve a darle la vuelta.

Cuando lo tengas listo no se verán las puntadas.

Con unas puntadas en la base será suficiente.

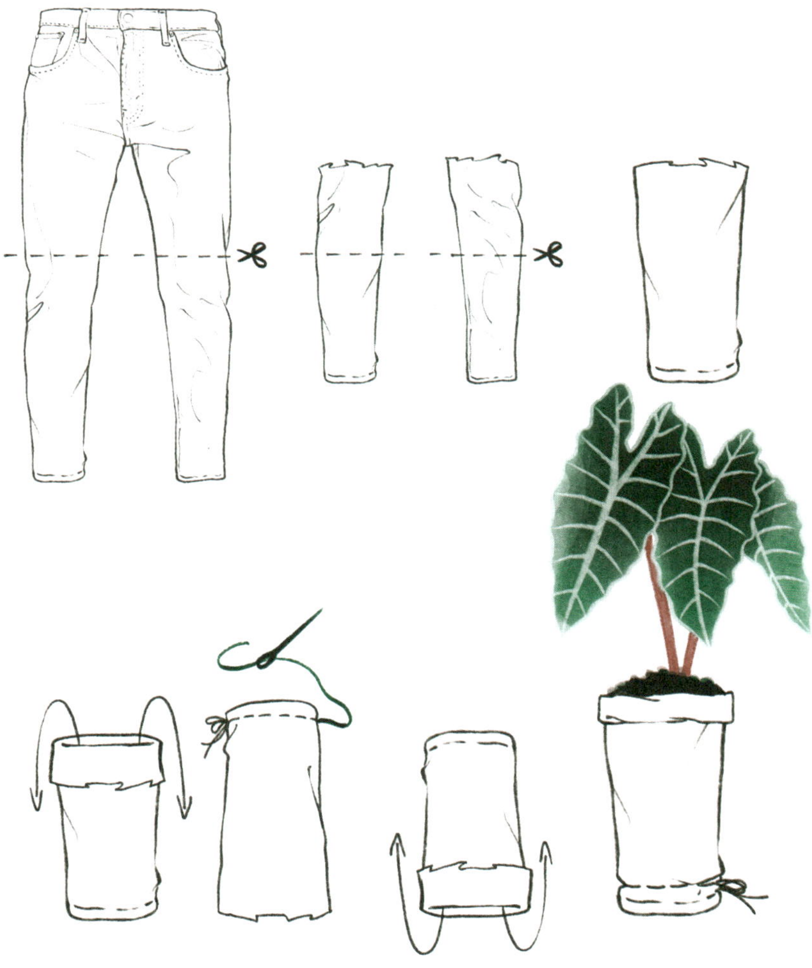

MACETAS DECORATIVAS

Cómo reutilizar una maceta decorativa de un año para otro

La decoración del hogar refleja quiénes somos. Uno de los efectos principales que buscamos cuando nos rodeamos de plantas es estar en sintonía con la naturaleza. Sin embargo, la mayoría nos llegan en macetas de plástico nada bonitas; cubrirlas con macetas de cerámica es la opción más recomendable; así, además, evitarás pérdidas de agua.

Pero cuando renovamos un espacio y cambiamos el color de una pared, el sofá..., es posible que esas macetas que nos encantaban ya no acaben de encajar. La clave para aprovecharlas es darles una nueva imagen, un lavado de cara. Usando espráis, cuerdas, materiales orgánicos, telas, pinturas a la tiza o con texturas conseguiremos nuevos efectos y sensaciones.

Usa tu imaginación, o date un paseo por mi Pinterest (@nenavon flow), tengo carpetas de inspiración para todos los ambientes del hogar. Inspírate en lo que vives con ilusión, en las texturas que hacen que te sientas en casa. Todos llevamos un creativo dentro, el problema está en la vergüenza que nos causa mostrar nuestro potencial, pero tú también lo llevas dentro de ti, como el instinto.

Lo mejor de las actividades DIY es que son originales y no tienen que ser perfectas, como nosotros.

OTOÑO

Cuida tus plantas
para que ellas
cuiden de ti

OTOÑO

UN NUEVO CURSO

El otoño me resulta una época perfecta para disfrutar de mí misma. Después del jaleo del verano, los calores, las vacaciones y la recarga de pilas, volvemos a nuestro ritmo particular. Todo se calma y se siente más relajado. Para muchos, septiembre es el comienzo de un nuevo curso.

Adoro la gama de colores del otoño, me inspira muchísimo. Es un momento fantástico para coger la cámara y salir a capturar detalles. Las texturas de los ambientes se vuelven bravías. Los erizos de los castaños, las bellotas, las piñas y los troncos despellejados de los eucaliptos inundan los suelos de Iron Hill. Las primeras lluvias limpian el ambiente y el olor a tierra mojada es embriagador. Es una estación muy sensitiva.

Lo que menos me gusta es que la luz de los días se acorta, pero es fácil compensarlo disfrutando de las nuevas tonalidades que nos regalan los atardeceres otoñales. Ese sol... Es como en un cuento, cuando las hojas de los árboles dejan de ser verdes y adquieren tonos marrones, rojizos, mostazas... y caen a cámara lenta frente a ti transformando el paisaje. Esa combinación me provoca mucha ternura; soy de lágrima fácil, pero es que eso es pura belleza.

Los paseos se vuelven idílicos entre la belleza caduca de los árboles. Caminar sobre las hojas secas me reconforta a niveles extraordinarios, ese sonido es magia y delicadeza para mis oídos. Sentir las hojas bajo los pies descalzos es una sensación casi orgásmica, muy recomendable si todavía no lo has probado, una manera de conectar sintiéndote parte de todo, sintiéndolo todo.

Me descalzo muy a menudo, sí. Creo que los zapatos nos separan de la realidad. Y cuanto más alto es el tacón, más cuesta volver a sentir la tierra.

En serio, ¿qué me dices de ese crujir?

¿Lo has probado?

¿No te parece alucinante?

Los árboles caducos tienen un encanto muy particular, son como el ave fénix. El magnolio y el ceibo que tenemos en casa son sorprendentes. Sus fases están tan marcadas, cambian tanto de una estación a otra... Ser testigo de esa belleza en cada etapa me hace valorar más mis tiempos y mis propios cambios.

Hacernos mayores tiene su encanto. Como los árboles caducifolios, también nosotros tenemos nuestra fecha de caducidad y debemos querernos en cada etapa de nuestro crecimiento personal. Valorar cada instante de nuestra propia existencia.

¿Y tú? ¿Cómo te sientes con la llegada del otoño?

PUESTA A PUNTO OTOÑAL: ÉPOCA DE RECOGIMIENTO

Con la llegada del otoño las temperaturas se vuelven más templadas. Amanece más tarde y anochece antes, con lo que se acortan las horas y los ciclos de luz natural.

Es momento de reubicar las plantas, de alejarlas de las fuentes de calor artificial y colocarlas lo más cerca posible de las ventanas para aprovechar al máximo el sol.

Reducirás progresivamente los riegos a uno semanal y el uso del abono a una vez al mes.

Revisa la base de las macetas, a algunas plantas les crecen más cantidad de raíces que a otras. En caso de que sea necesario, trasplántala para asegurar el descanso de la planta en un buen sustrato y en las mejores condiciones. (Véase «Trasplantes» en p. 46).

Si usas macetas decorativas, te recomiendo que dediques un poco de tiempo a su limpieza interior. Después de las plagas y los riegos durante el verano, se habrán acumulado restos de sustrato y agua en el fondo y eso puede atraer bacterias y hongos. Lava también las bolas de arcilla para reutilizarlas de nuevo. Puedes usar jabón y estropajo. Las macetas de terracota también acumulan verdín y restos de cal, pero si las frotas salen fácilmente.

Recuerda: cuando muevas una planta de una ubicación a otra hazlo con mucho cuidado y lentamente; evita en la medida de lo posible los movimientos bruscos.

He probado algunas técnicas y he hecho experimentos con movimientos extremos y el resultado es que esas plantas suelen estresarse y paralizar su crecimiento. Algunas de ellas se mueren a las pocas horas.

TIPS: CÓMO CONSERVAR LOS TUBÉRCULOS DE UN AÑO PARA OTRO

A principios del otoño, es decir, a finales de septiembre, cuando la planta comience a apagarse de manera natural, suprime los riegos del todo, corta los tallos a ras con una tijera y deja que el sustrato se seque por completo. Puedes aprovechar las hojas que no se han consumido o quitarlas un poco antes con el fin de prensarlas.

Espera como mínimo un par de semanas sin regarla antes de sacar el cepellón de la maceta. Cuando lo hagas, elimina el sustrato y localiza los tubérculos. Quita con unas tijeras todas las raíces que hay en ellos y los excesos de los tallos restantes. Limpia los tubérculos con un paño seco o un pincel y evita que vuelvan a mojarse. Si ves que queda algo de humedad, sécalos al sol. Una vez limpios, lo más importante es protegerlos para su conservación, y eso lo haremos rebozándolos con canela molida, a modo de croquetas.

La canela actúa como antiséptico y tiene propiedades cicatrizantes que ayudarán a cerrar los cortes de la raíz y el tallo. Recorta trozos de tela de saco en cuadrados de 15 × 15 cm aproximadamente. Envuélvelos como si fuera un paquete de regalo. (Sigue el dibujo de la página siguiente). Gracias a su textura transpirable, la tela de saco dejará que siga pasando el aire y no se pudrirán por exceso de humedad. Átalos con una cuerda para que no se deshaga.

Anota en un trocito de papel el nombre de la planta en cuestión para que te resulte fácil identificarla en el futuro (además así los paquetes quedan más bonitos). Guárdalos en una zona seca y oscura hasta la próxima primavera. Yo los meto en una caja de cartón y, como mi hogar es muy húmedo, añado algún saquito de gel de sílice en la base. (Véase «Cómo cultivar bulbos y tubérculos» en p. 65).

1
2
3
4
5

EMOCIONARIO: GUTACIÓN, UN FENÓMENO QUE ATRAPA

Mi primera experiencia con la gutación fue inolvidable. No recuerdo la fecha exacta, pero puedo cerrar los ojos y volver a aquel instante.

Soy de despertar remolón y aquella mañana no iba a ser menos. Sentía el calorcito de la sábana en el cuerpo; mis pies jugaban con las suaves arrugas de la manta de pelos. Como quien renace, asomé la cabeza y en el fulgor de la mañana me deslumbró tanta belleza. Fue algo tan bonito que se volvió hasta romántico.

Pendía de un hilo y casi reflejaba mi cara hinchada. Parecía que caía, pero no. Y así me tuvo absorta lo que dura el café caliente. Me recompuse para verla mejor. La luz cubría las impresionantes hojas de aquella *Monstera deliciosa*. Las sombras de la ventana estampaban las paredes de la habitación. Una jungla radiante ante mí no era nada ante aquella pequeña, preciosa y perfecta gota. Todo formaba parte de una composición visual magnífica que captó mi atención de estudiante aplicada.

Mis búsquedas al respecto incluían expresiones tales como: plantas llorando, sudor en las plantas... Estaba un poco perdida. Pero di con la respuesta. Ese mismo día aprendí que la gutación y la transpiración son dos fenómenos distintos que se producen en las plantas en momentos completamente diferentes.

La gutación tiene lugar por la noche o temprano por la mañana, cuando hace más fresco y el ambiente es más húmedo. A través de los hidátodos, se expulsa el exceso de agua en forma de gotas. Estas suelen ser fuente de nutrientes para atraer a los insectos beneficiosos que ayudarán a la planta a combatir plagas de manera natural.

La transpiración, por otro lado, ocurre durante el día y generalmente cuando se dan condiciones ambientales de calor seco. Se produce a través de los estomas en forma de vapor. Su función es regular la temperatura de la planta ante el clima.

TIPS: DORMIR CON PLANTAS

Las plantas en el dormitorio tienen un componente decorativo y relajante. Cuando te despiertas y las ves nada más abrir los ojos, empiezas el día de otra manera. Con mejor energía. Y te lo dice alguien que hasta después del primer café no dice ni una palabra.

Por la mañana, abro las contraventanas, entra la luz, los primeros rayos me ciegan unos instantes y, al recuperar la visión, mi jungla particular me recibe y espera. Reviso las hojas en busca de gutación y, con pena porque adoro esas gotitas que pendulean, las seco para que no se resequen las hojas y evitar que las esquinas se agrieten y se pongan marrones.

Se dice que no es bueno dormir con plantas. Las plantas por el día, al hacer la fotosíntesis, consumen dióxido de carbono y expulsan oxígeno, y son una de nuestras primeras fuentes de este elemento imprescindible para la vida. Por la noche, en cambio, consumen oxígeno y expulsan dióxido de carbono. Aun así, las cantidades y proporciones que llegan a consumir son mínimas; tan pequeñas que a los humanos no les afecta.

Además, tu pareja y tu mascota también expulsan dióxido de carbono al respirar y seguro que consumen mucho más oxígeno que todas las plantas juntas y no los mandas a dormir al sofá, ¿verdad?

La mejor combinación de plantas para el dormitorio depende siempre de la luz del hogar. Si tienes buena iluminación natural, puedes poner las que más te gusten.

En mi opinión, las *Monsteras* y los *Ficus elastica* y *lyrata* combinados con los *Anthurium clarinervium* dan un toque muy elegante al dormitorio.

Si tienes poca luz, las *Zamioculcas, Sansevierias, Dracaenas* y *Aglaonemas* darán un toque fresco y colorido. Son fáciles de cuidar y de riego reducido.

Los helechos y las calateas se adaptan perfectamente a las zonas de poca luz pero necesitan humedad ambiental.

Si lo que buscas son plantas colgantes o que caigan en cascada, las siguientes son fáciles de encontrar y de crecimiento rápido:

Philodendron scandens, Philodendron Brasil y *Philodendron micans.*

Monstera adansonii y maranta.

Potho golden y sus hermanos, que son iguales pero cambiarán de colores y estampados.

Y quedan perfectas en una balda sobre la cama.

A mí me gusta combinar plantas de la misma familia:

Plantas que toleran poca luz

Helecho

Zamioculcas zamiifolia

Calathea

Plantas que aguantan el sol directo

Beaucarnea

Aeonium

Opuntia

PLANTAS AROMÁTICAS Y BOTIQUÍN NATURAL

Las plantas no solo nos aportan bienestar en el hogar, sino que muchas de ellas son conocidas por sus propiedades curativas. La propia naturaleza nos da opciones muy válidas para aliviar, prevenir y calmar dolores. Ciertas plantas curativas cuentan con propiedades antibióticas, otras ofrecen energía y otras nos relajan.

Mi amiga Noelia me enseña mucho sobre estas cosas. El otoño pasado me envió un tarro de exfoliante y unos jabones que ella misma prepara y que, además de un placer para los sentidos, fueron todo un detalle de amistad. En cada producto se aprecia su dedicación, su tiempo y su cariño, y eso los hace mucho más especiales. Además, su madre me tejió unos guantes de lo más *cool*. ¡Qué más se puede pedir! La vida me sonríe acercándome a personas maravillosas.

Le pedí la receta del exfoliante para que lo puedas hacer en casa y disfrutes de las sensaciones que yo sentí al aplicarlo:

EXFOLIANTE CON SAL ROSA DEL HIMALAYA, LAVANDA Y LIMA

Ingredientes:

- Una taza o taza y media de sal rosa del Himalaya
- 2 o 3 cucharadas soperas de aceite de jojoba
- 10 gotas de aceite esencial de lavanda
- 5 gotas de aceite esencial de lima
- Flores secas de lavanda
- 1 bote de cristal limpio previamente esterilizado (hervido 10 minutos a fuego medio-fuerte)

Paso a paso:

1. En una taza añade los ingredientes secos: la sal y las flores de lavanda.
2. En otra taza más pequeña haz la dilución de los aceites esenciales (10 gotas de lavanda más 5 gotas de lima) en el aceite base de jojoba (3 cucharadas soperas o 30 ml aproximadamente).
3. Empieza a rellenar el recipiente en el que vayas a conservarlo con los ingredientes secos y ve impregnando poco a poco con la mezcla de aceites para que se vaya empapando la mezcla. Remueve todo con un palito de madera hasta llenar el bote.
4. Una vez hecha la mezcla, consérvala en un lugar fresco y con poca luz.

Esta receta exfoliante natural es una de mis favoritas cuando llega la temporada otoñal ya que tanto el aceite esencial de lavanda como el de lima poseen excelentes propiedades antibacterianas y antimicóticas; y refuerzan además el sistema inmunitario, por lo que nos ayudarán durante los meses de frío a prevenir virus y enfermedades respiratorias.

Desde tiempos inmemoriales las flores de lavanda se han utilizado en medicina natural y en remedios domésticos por sus propiedades calmantes y relajantes. Por otra parte, la lima es una fruta con alto contenido en vitamina C, la cual es una gran aliada contra la ansiedad y el agotamiento.

La combinación de ambos aceites en esta receta te ayudará a dormir mejor, por eso recomiendo aplicar el exfoliante por la noche, en un baño o ducha antes de dormir.

Hay que tener en cuenta que cuando realizamos cosmética casera natural, los aceites esenciales han de diluirse siempre en un aceite base vegetal de calidad, es decir, obtenido por primera presión en frío y con ingredientes bio certificados. El aceite de jojoba es uno de mis favoritos porque es recomendable para todas las pieles (especialmente para las que tienen tendencia grasa, pero sin resecar las sensibles) y, sobre todo, y muy importante, porque no se enrancia como puede suceder con otros como los de rosa mosqueta o almendras dulces.

Hay que destacar una importante cualidad del aceite de jojoba y es que, además de ser hidratante y antioxidante por su alto contenido en vitamina E, potencia las propiedades de otros aceites, por lo que es altamente recomendable para las diluciones.

Por último, y como recomendación, es mejor utilizar esta receta por la noche o cuando estemos seguros de que no vamos a exponernos al sol, ya que la concentración de vitamina C de la lima podría producir fotosensibilidad.

Receta de Noelia Alonso (@noelia__alonso_c)

TIPS: RINCÓN AROMÁTICO

Si tienes la opción de crear un rincón de plantas aromáticas en casa, no lo dudes y ponte a ello. Necesitarás una buena iluminación y un riego constante. (Véase «Aprende cómo hacer una maceta hidropónica para plantas aromáticas con botellas de plástico» en p. 72).

Mi selección de plantas aromáticas favoritas:

Albahaca:
Es una planta antiséptica y digestiva. Aligera la pesadez de estómago y va bien como anticatarral. Cuando florezca puedes guardar sus semillas fácilmente para volverlas a plantar en primavera.

Lavanda:
Está indicada para los dolores de cabeza, la ansiedad y el estrés. Incluirla en el baño nocturno hace milagros con la relajación.

Menta y hierbabuena:
En infusiones son una delicia, ayudan con la digestión, el mal aliento y la tos.

Para cultivar todas ellas solo necesitas un sustrato que retenga bien la humedad, te recomiendo maceta de plástico pues conservan mejor la humedad (véase p. 30).

AROMATERAPIA

Algo que te recomiendo, y que a mí me funciona muy bien, es poner un saquito aromático en la mesilla de noche. Puedes hacerlo tú mismo según tus gustos.

Yo lo lleno de lavanda y de naranja. Esta combinación es fresca y relajante, y me ayuda a conciliar el sueño enfocando mi mente en algo muy agradable. Por la noche, antes de dormir, levanto el saquito y lo dejo caer sobre la mesilla. El aroma fluye por la habitación y me embriaga. Cerrar los ojos y seguir el olor me ayuda a soñar cosas agradables.

Por el día hago algo parecido, pero con la albahaca. No sé qué me pasa con esta planta, pero me hace conectar con mi parte más jovial. Suelo cortar una hojita y la tengo en la mesa de trabajo. Con solo olerla me hace viajar sin necesidad de moverme, me trae muy buenos recuerdos y me da un buen rollo increíble.

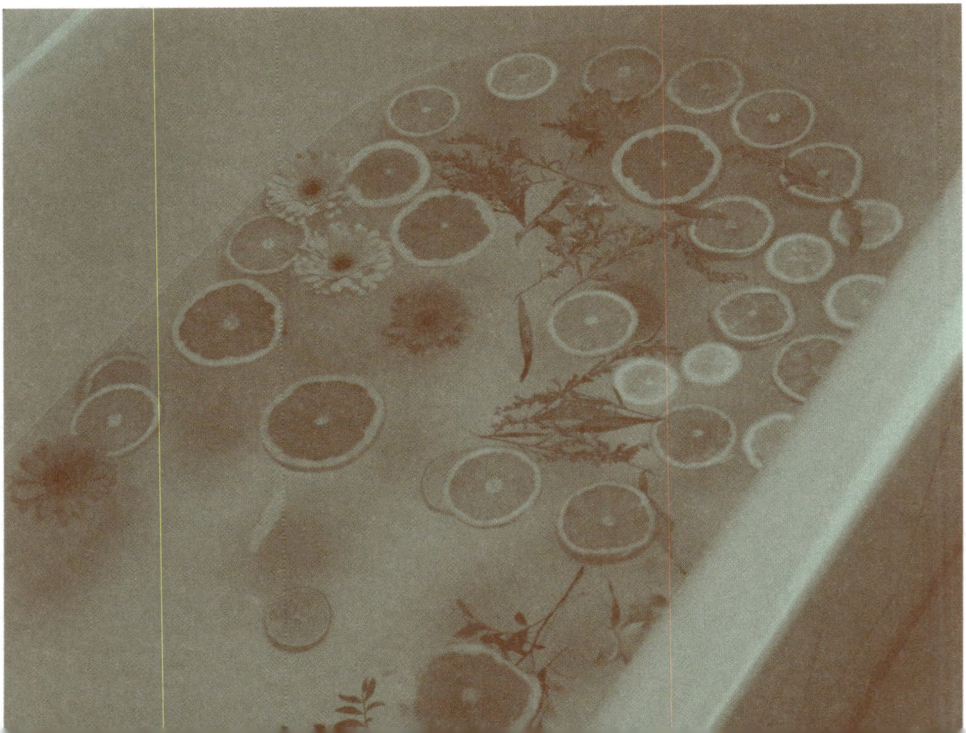

DIY: RECETAS

Hay plantas que me recuerdan a personas y aromas que me recuerdan a ciudades en las que he vivido y personas que he conocido. Por ejemplo, la primera vez que planté albahaca vivía en Alemania y pasaba muchas horas en casa, con lo que tenía tiempo de probar cosas nuevas.

De tres plantas que tenía, saqué tanta producción que no daba abasto, así que tuve que ponerme en plan creativa, y empecé a preparar botes de pesto natural y algún que otro Gin Basil Smash. Aquí os dejo mis recetas:

RECETA DE PESTO

Ingredientes:

- 100 g de hojas de albahaca fresca
- 2 dientes de ajo
- 40 g de queso grana padano en bloque
- 40 g de piñones cortos
- 1 cucharadita de sal gorda
- 50 g de aceite de oliva virgen extra

Paso a paso:

1. Lava las hojas de albahaca y retira el exceso de agua con papel absorbente ya que las hojas se oxidan fácilmente.
2. Colócalas en el recipiente de la batidora.
3. Añade los piñones, los dientes de ajo pelados y un chorrito de aceite de oliva virgen, el grana padano y una pizca de sal.
4. Tritura hasta que todos los ingredientes estén bien mezclados y obtengas una salsa de color verde intenso.
5. Sigue batiendo y añade poco a poco otro chorrito de aceite hasta obtener una consistencia suave y cremosa.

RECETA GIN BASIL SMASH

El inventor de esta bebida fue Jorg Meyer, quien la presentó en su local de Hamburgo, Le Lion, en 2008.

Ingredientes:

- 60 ml de gin (yo me pongo solo 30 ml, para rebajar el cóctel)
- 30 ml de zumo de limón fresco
- 20 ml de sirope de azúcar: las proporciones de agua y azúcar tienen que ser idénticas para hacer el sirope natural
- Unas hojas de albahaca

Paso a paso:

1. En una coctelera agrega las hojas, el sirope y el zumo de limón recién exprimido.
2. Machaca una vez y remueve para que la albahaca tinte de verde la mezcla.
3. Añade el gin y llena la coctelera con hielo.
4. Ciérrala y agita fuertemente durante unos 20 segundos.
5. Para servir, usa un colador.
6. Pon dos hielos nuevos en un vaso y vierte la mezcla colada.
7. Decora con una hojita y a disfrutar.

Otros de mis cócteles favoritos que me traen buenos recuerdos:

TUS 5 MINUTOS: LAS «*WINE* EN PUNTO»

Soy de esas personas que no necesitan poseer cosas para saber que lo tienen todo en la vida. Cada mañana al despertarme, aunque odie madrugar, siento que tengo ante mí una oportunidad de mejorar, de conocerme y de retarme a aportar algo único a mi propia existencia y a la de los que me rodean. Me hace feliz sacarles la sonrisa.

Me emociono con lo gratis, soy de lágrima muy fácil y tengo los sentimientos a flor de piel. Disfruto sin cesar con las maravillas que nos ofrece la madre tierra, con los animales y su pureza, con las plantas y lo que estas me enseñan, con los buenos humanos, con las zamburiñas, con el helado de dulce de leche y con el vino tinto.

Como persona, mujer, madre, amiga, creativa... me exijo mucho en todas mis versiones y a veces se me hace duro llegar a todo.

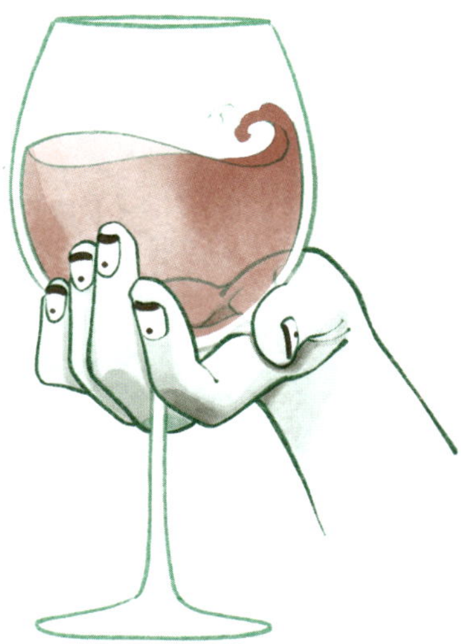

Las «wine en punto», esos minutos al día en que lo dejo todo para disfrutar de algo que me guste, en ocasiones saborear con calma una copa de vino, son un símbolo, una rebelión ante lo rápido que nos hace vivir el mundo, algo que hacemos por y para nosotros, para detener el tiempo. No significa que tengas que beberte una copa de vino todos los días, pero sí te recuerda que todos los días debes parar unos minutos y dedicártelos a ti. Te recuerda que debes quererte, valorarte y disfrutar de ti misma.

Buscar un momento para nosotros mismos es necesario para reconectar con nuestro ser interior, del que a veces nos olvidamos anteponiendo las necesidades sociales o las de otros.

Busca un momento en el que desconectes de lo que te rodea y disfrutes solo de estar contigo mismo, haciendo lo que quieras, pero que no incluya tecnologías, POR FAVOR.

Disfruta de esos 5 minutos siendo un observador incansable de lo que te rodea. Vuelve a lo analógico, vuelve a tu ser. Mira a tu alrededor, ¿qué ves?

Observa las hojas, los patrones y los colores. Toca sus formas, llénate los sentidos. Concentra tu mente en lo bello, en un buen libro, dibuja, garabatea, párate a pensar en la belleza efímera de las flores. Si no sacas tiempo hoy, quizá mañana ya no esté.

Sé que ser uno mismo en los tiempos que corren puede ser abrumador. Pero cuando te plantas ante el mundo con la misión de ser tú mismo, de disfrutar a tu ritmo sin importarte el qué dirán, la vida te ofrecerá un bonito abanico de nuevas oportunidades.

A mí me pasó esto y ese punto me hizo muy vulnerable, pero fue un completo acto de valentía que me ha llevado a donde estoy hoy.

Solo tú decides cuándo te quieres plantar, florecer y madurar.

Algunas ideas para disfrutar de tu momento «wine en punto» particular:

- Prueba una nueva receta.
- Recoge bellotas y germínalas.
- Captura fotografías del paisaje otoñal.
- Haz una composición fotográfica con flores secas.
- Lee un nuevo libro.
- Aprende un nuevo idioma.
- Haz un curso DIY.
- Escribe poesía.

AL AIRE LIBRE

Busca nuevas rutas que te inspiren, conoce nuevos lugares cerca de ti. No hay que viajar lejos para vivir nuevas experiencias. Una salida al río, a la montaña o al mar lo puede curar todo.

En una de nuestras ultimas escapadas en familia fuimos a pasar el fin de semana al pueblo de nuestros amigos Sandra y Jorge, que nos abrieron su casa y nos enseñaron sus rutas más especiales. Cuando nos adentramos en el bosque y me acercaba a la pendiente de la montaña, podía escuchar cómo fluía el río. Se sentía su fuerza y frescor cada vez más cerca.

Los helechos llenaban los caminos de acceso, sombríos y frescos... Galicia es así, y al oír cómo el sonido del agua fluía fuerte y transparente a través de la garganta del río, empecé a emocionarme y a sentir que se me aceleraba el corazón.

Cuando llegamos al cauce del río, descubrí ante mí una belleza espectacular. El sol me deslumbraba y me marcaba el camino que debía seguir. Había unos pedruscos que nos ayudaron a cruzar al otro lado del río. Yo, que tengo vértigo si me subo a un par de peldaños, me sentí como si fuera Indiana Jones en modo *flow*. Salté piedra a piedra y la luz invadió el lugar, ¡qué precioso e inmenso se sentía todo!

Puedo pasar horas viendo cómo los insectos flotantes reman a contracorriente sobre la superficie del agua y cómo las libélulas pla-

nean ante mí con sus brillantes colores. Me detengo a observar cómo caen las hojas de los árboles cercanos al río mientras meto los pies en el agua y dejo que los peces se den un festín. ¡Para mí es un planazo!

Ya de vuelta, nos tumbamos a ver el atardecer mientras la luz se fundía con el fuego y el aroma de la leña nos invitaba a preparar la cena a la vez que veíamos la luna a través de los manzanos. Para mí la felicidad siempre está asociada a la naturaleza, en todas sus versiones, y ese fin de semana fue perfecto.

¿Cuáles son tus rutas secretas favoritas?

HERBARIO

El otoño nos regala una variada paleta de colores. Aprovecha tus paseos por el campo o los jardines de tu ciudad y recolecta algunas de sus hojas. Guárdalas aquí, sécalas y atesóralas a modo de recuerdo.

Continúa aquí tu herbario

REUTILIZA Y RECICLA: BOTES DE CRISTAL

Tengo pasión por coleccionar botes de cristal para hacer esquejes y otros elementos decorativos, como velas o miniterrarios. En las tiendas de segunda mano, si rebuscas en las zonas de vajillas antiguas puedes encontrar maravillas a precios baratísimos.

A todos los botes de conservas que pasan por mis manos les acabo dando más usos de los esperados. Los botes de especias son ideales para hacer colgadores y muros verdes pegando imanes en la parte trasera.

TERRARIO ETERNO

Crear pequeños ecosistemas y observar su crecimiento es una actividad perfecta para hacer solo o en familia, aporta calma y conocimiento y es un elemento decorativo ideal para cualquier hogar.

¿Qué necesitas?

- 1 bote de cristal con tapa (los de legumbres van muy bien)
- Arlita o piedras de drenaje
- Musgo (véase «Terrario de musgo» en p. 172)
- Carbón activado
- Sustrato
- Plantas: *Fittonia* y *Asparagus setaceus*
- Piedra decorativa
- Vaporizador

Paso a paso:

1. Lo primero que debes hacer es limpiar muy bien el tarro de cristal.
2. Una vez limpio, añade la arlita o piedras en la base. Con ellas crearás una capa de drenaje (2-3 dedos) para evitar los encharcamientos en el sustrato. Al no tener agujero de drenaje debes regar con poca cantidad de agua ya que si el agua se acumula, se pudrirán sus raíces.
3. Si por un casual te excedes con el agua y esta se queda en la base, no sufras porque se evaporará poco a poco.
4. La segunda capa será de musgo (1 dedo), que ayudará a que no se cuelen el resto de los elementos y a mantener la humedad constante.
5. Encima del musgo añade un poco de carbón activo, que mantendrá la calidad del sustrato eliminando las posibles bacterias.
6. Es hora de añadir el sustrato, 3 dedos será lo ideal para que las plantas estén cómodas.
7. Ahora es cuando puedes meter las plantas. Yo recomiendo las fitonias ya que les encanta la humedad y tienen unos colores y patrones muy atractivos.
8. Si haces un terrario grande te animo a que añadas alocasias y helechos. La combinación de unas y otros es muy bonita y visual.
9. Una vez metidas las plantas y amoldado el sustrato a su alrededor puedes colocar alguna piedra decorativa a modo de paisaje.
10. Una vez listo todo, riega con el vaporizador hasta que el sustrato empiece a mojarse a través del cristal. Y ya solo queda poner la tapa y observar.
11. El terrario se mantendrá húmedo y creará un efecto invernadero mientras esté cerrado.
12. Si ves que el sustrato se seca a través del cristal, abre el tarro y vaporiza.

INVIERNO

Cuida tus plantas
para que ellas
cuiden de ti

INVIERNO

ACEPTAR MOMENTOS DE DESCANSO

Estos últimos años, gracias a la observación de las plantas, me han servido para reconciliarme con el invierno. Nunca nos habíamos llevado demasiado bien, más que nada porque a mí no me gustaba su energía, ni cómo me hacía sentir. Él no tiene nada contra de mí, soy yo la que le echaba la culpa de mis «males», intentando así aliviar mi malestar.

Con males en sí me refiero a mis «taras» de nacimiento, esos problemitas de salud que forman parte de mí, que están grabados en mi ADN y que, por desgracia, en mi caso se incrementan con los cambios de estación y con la llegada del frío, haciendo de mis inviernos la época más dura, dolorosa e incómoda del año.

Soy una persona muy activa y conocida disfrutona, y que el clima me cambie el ritmo de vida y afecte a mi salud (migrañas, vértigos, asma) no es algo que me tomara muy bien en mi juventud y me crispaba simplemente la idea de pensar que llegaba el invierno. Me invadía una negatividad apabullante. Solo pensaba en lo mal que lo iba a pasar, e incluso los días buenos eran malos esperando a que volvieran los dolores.

No es que ahora dé saltos de alegría, pero al estudiar los comportamientos de las plantas me siento más en sintonía con la naturaleza y me comprendo mejor a mí misma. Ahora valoro más los periodos de descanso, los siento necesarios y renovadores, pero sobre todo porque ahora respeto y escucho mis propios ciclos.

En los años que vivimos en Alemania aprendí lecciones muy importantes sobre el efecto del clima en nosotros mismos. Sentí en mis propias carnes cómo te pueden llegar a enfermar los días grises. No te das cuenta de lo que tienes hasta que lo pierdes.

En invierno el sol brilla por su ausencia en Alemania y tanto humanos como animales y plantas necesitamos vitamina D para que nuestro organismo funcione correctamente. Esas vitaminas las obtenemos de la luz del sol y si no recibimos esta energía que cargue nuestras baterías, estamos más apáticos, más deprimidos y menos productivos.

Algunos animales hibernan, algunas plantas descansan... y ¿qué pasa con los humanos? Recuerdo estar hablando con una amiga al lado de nuestra casa en Altewiekring, Brunswick, y preguntarle con asombro por qué había tal cantidad de soláriums en la cuidad. No entendía cómo en un pueblo tan frío, en el que iban abrigados hasta las cejas, tenían la necesidad de ponerse morenos, tonta de mí. Era mucho más profundo y básico de entender. ¡Necesitamos el sol para vivir!

Fue la época en la que me dejé conquistar por las plantas; leer sobre ellas y compararlas conmigo me calmaban los pensamientos y me hacían sentir menos sola, más conectada a un todo. Gracias a ellas conseguí aceptarme, desenredarme a mí misma de una manera más profunda y natural.

¿Y tú? ¿Cómo te sientes con la llegada del invierno?

PUESTA A PUNTO INVERNAL: TIEMPO DE REPOSO

Cuando comienza el invierno, llega la época de descanso y dormancia de las plantas. Al disminuir tanto las horas de luz, reducen su actividad para compensar la poca energía que reciben del sol. Muchas de ellas paran por completo su crecimiento, aunque algunas seguirán dando algunas hojas todo el año.

Ahora es cuando dejarás de abonar por completo y cuando espaciarás más los riegos. Cada 7 o 10 días, preferiblemente dejando que se seque la capa superior del sustrato, aunque tendrás que seguir limpiando sus hojas cada 15 días para favorecer la fotosíntesis.

Por debajo de los 10 °C las plantas pueden sufrir heladas, e incluso morir. Si anuncian temperaturas extremas y tienes plantas en el exterior, siempre puedes poner telas térmicas. Son económicas y suelen venderse por metros, lo que facilita cubrir las más grandes.

TIPS: EXTRA DE LUZ

Si ves que algunas zonas se quedan muy oscuras siempre puedes optar por luces artificiales o de crecimiento. El tipo de luz depende del tipo de cultivo.

Si quieres optar por unas luces extras, en mi opinión la opción más ecológica son las luces led. Su variedad es amplia en color, tienen distintas longitudes de onda y consumen muy poca energía. En el mercado hay plafones, tubos y focos, y son de fácil manejo.

La mayor parte de estas lámparas son de amplio espectro. Eso quiere decir que ofrecen todos los colores que captan las plantas a través de la luz, incluidos los ultravioleta e infrarrojos. Los más importantes son:

El azul se utiliza para fomentar el crecimiento tupido de las plantas, la vegetación y la germinación de las semillas en la «etapa de crecimiento».

El rojo sirve para fomentar el brote, la floración y la fructificación.

Las horas que deben estar encendidas las marca el fotoperiodo actual, que es el número de horas de luz que la planta recibe durante las 24 horas que tiene el día. Mantén el propio de cada estación o rígete por la norma de 12 horas de luz y 12 de oscuridad. Para los cultivos vegetales, debemos ampliar las horas de luz a 14 y reducir a 8 horas las de oscuridad.

A la hora de escoger las luces, asegúrate también de que tengan certificación eléctrica clase A para garantizar un bajo consumo y ahorrar en la factura de la luz.

TIPS: DECO RINCÓN SIN LUZ

Siempre que llega el frío aprovecho y hago pequeños cambios en la decoración del hogar para hacerla más cómoda y confortable. Me gusta incluir mantas suaves, cojines con texturas, velas aromáticas y tarros con dulces deshidratados.

Los tonos tierra se apoderan de mi interior, me calman y apaciguan y yo me dejo llevar por los ambientes acogedores, la ropa cómoda y los tejidos gustosos al tacto.

Si estás pensando en decorar con elementos vegetales algún rincón de tu casa al que no le llegue mucha luz, no pongas plantas vivas, siempre puedes crear un rincón de inspiración botánica. Puedes colgar láminas de acuarelas, algunas páginas del herbario o, simplemente, poner unas hojas o flores secas y prensadas en un marco transparente.

Aprovecha y ubica tu regadera o el vaporizador, los de ámbar y los de latón son ideales, estéticos y muy cómodos. También puedes hacer impresiones de plantas en cerámica, con la de secado al aire es muy fácil (véase p. 176). Ayúdate haciendo varias alturas con libros antiguos o con alguna caja de fruta restaurada. Pon algún jarrón con flores preservadas o alguna guirnalda. Jugar con las texturas y materiales da carácter a los espacios.

En esta época, solemos preparar guirnaldas de frutas, decorar nuevos rincones botánicos o crear algún terrario en familia.

Terrario de musgo

(Véase el trasplante con ayuda de musgo en p. 60).

1. Solo necesitas una cúpula como esta:

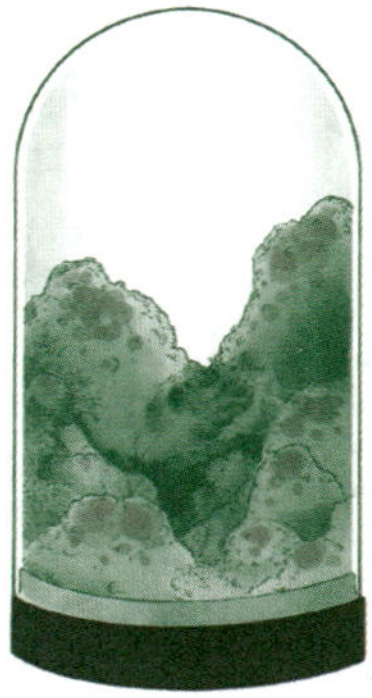

2. Selecciona un poco de musgo (vivo).
3. Mete un puñado en una cúpula, vaporiza con agua y cierra. No la vuelvas a abrir, ella misma se gestionará la humedad.
4. El musgo comenzará a crecer en unos pocos días y verás cómo la cúpula se llena poco a poco de nueva vida.

Guirnaldas de frutas:

1. Para deshidratar la fruta debes calentar el horno al mínimo. Aprovecha ese tiempo para cortar la fruta tranquilamente.
2. Corta la fruta en rodajas no muy gruesas. No te recomiendo mezclar diferentes frutas en el proceso del horno ya que unas tardan más tiempo que otras en deshidratarse.
3. Colócalas sobre un papel de cocina con el fin de secar un poco el exceso de jugo.
4. Una vez el papel absorba parte del zumo, retíralo y mete directamente la fruta en la rejilla del horno. Por experiencia, cuando las he puesto sobre bandeja y papel de horno se ha caramelizado mucho el azúcar.

5. Mételo en el horno durante 3 horas, mantenlo al mínimo para que no se quemen u oscurezcan, y ve revisando las piezas.
6. Una vez pase ese tiempo, sácalas y déjalas templar al aire.
7. Y ya puedes hacer las guirnaldas.

Si no te vas a comer la fruta deshidratada y solo quieres usarla para decorar, te recomiendo que la pongas en un recipiente en agua con sal durante 10 minutos antes de meterla en el horno.

EMOCIONARIO: CUMPLIR METAS Y DESCUBRIR NUESTRO PROPÓSITO

El final de año es como un cierre de ciclo y nos invita a la reflexión. Es importante valorar lo que nos hace felices y alejar lo que no nos devuelve la sonrisa. Yo aprovecho para hacer balance de lo vivido sacando mi lado más agradecido. También me marco nuevas metas, retos personales que me acercan más a mi propósito de vida.

Con ser agradecida, no me refiero a dar las gracias como tal, eso viene con la educación y el saber estar. Yo me refiero a ser agradecido por dentro, como un sentimiento que nace de ti, de la emocionante aventura de ser tú mismo, de sentirte afortunado por algo no material. Agradecer por la tierra que pisas, el aire que respiras, las montañas y el mar que ves y hueles, los animales, las plantas...

Sentir que tu cuerpo se eriza de pies a cabeza con los sentimientos que brotan en ti, y que estás en la mejor sintonía posible con lo que te rodea. Eso es agradecimiento por existir y la buena vida. Cuanto te centras en las buenas acciones y en todas las cosas bonitas que quieres conseguir todo fluye distinto.

La vida es dejarse llevar, disfrutar el viaje, experimentar cosas nuevas sin miedo a ser uno mismo. Solo se vive una vez, aunque lo hagamos todos los días. Disfrutar de la naturaleza que tenemos, de las personas que nos rodean y de los pequeños detalles.

DIY: CERÁMICA PLANTERNAL

Crear con nuestras propias manos implica compromiso, carácter y personalidad. No hace falta ser muy mañoso para crear piezas únicas. Soy de esas personas que sienten más bonitos este tipo de objetos, ya que le imprimen una historia y un recuerdo, llenándolos de sentimiento.

Con la arcilla de secado al aire, podemos dejar volar nuestra imaginación y crear diferentes bases para nuestros huesos germinados sin necesidad de cocinarlas después.

Esta actividad es ideal para hacer con niños.

Materiales:

- Arcilla de secado al aire «Plus» (NO ad)
- Rodillo plástico
- Mantel base plástico

Paso a paso:

1. Coge una porción de pasta y moldéala hasta formar una bola; no tiene que ser perfecta.
2. Ponla sobre el mantel y aplástala un poco con la palma de tu mano.
3. Hazle un agujero central tipo rosquilla. Moldéalo hasta tener la forma deseada y déjalo secar al aire, sin exponerlo al sol.
4. Depende de los botes o jarras que vayas a utilizar puedes ir jugando con los tamaños. Deja volar tu imaginación.
5. Una vez estén secos, puedes pintarlos y decorarlos con pinturas acrílicas.

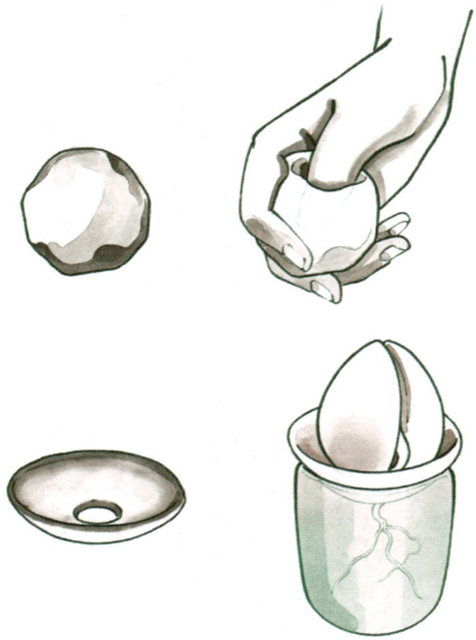

CERÁMICA PLANTERNAL

Con esta misma arcilla puedes hacer otro tipo de piezas. La impresión botánica en arcilla consiste en dejar la huella de las hojas sobre una base de este material, formando piezas de cerámica.

Materiales:

- Arcilla de secado al aire «Plus» (NO ad)
- Rodillo de plástico
- Mantel base de plástico
- Cúter
- 2 listones de madera

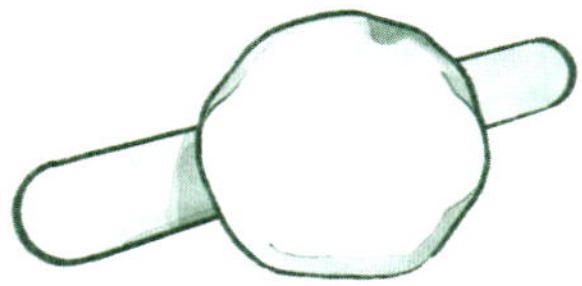

Paso a paso:

1. Selecciona algunas hojas que quieras estampar en la cerámica. Las de los helechos, los castaños o los robles quedan muy bonitas.
2. Elige las que tengan mayor grosor, ya que se marcarán mejor en la arcilla.
3. Coloca las guías sobre el mantel. Sigue el dibujo.

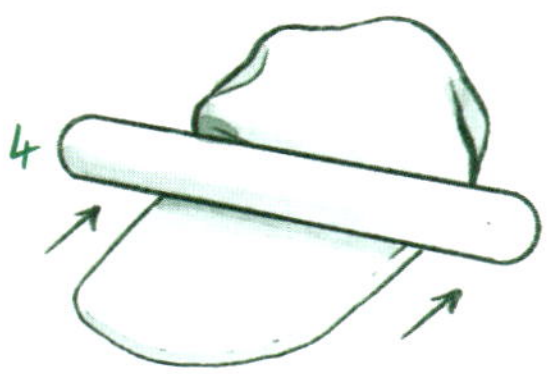

4. Haz un bolita de arcilla, aplástala con tu mano y déjala plana con el rodillo.
5. Puedes darle una forma de plato alargado recortándola con el cúter; da igual si la forma no es perfecta, eso le da autenticidad a la pieza.

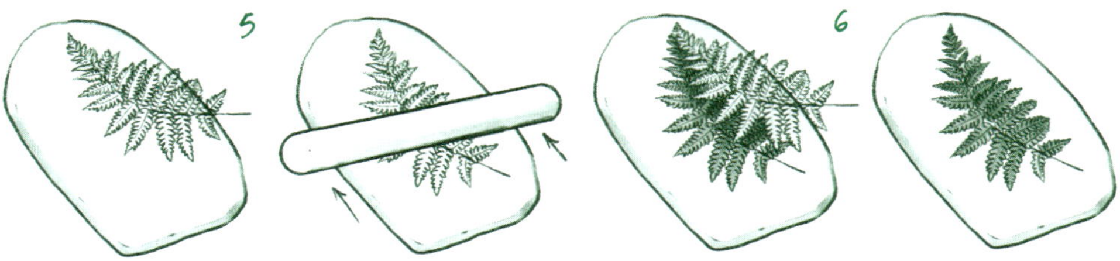

Una vez lo tengas plano, coloca una hoja sobre la arcilla y pásale el rodillo sin hacer mucha presión, solo un poco.

6. Pasa el rodillo un par de veces y listo. Si ves que la hoja sale con facilidad, retírala; si ves que está muy incrustada, mantenla ahí hasta que se seque la arcilla.
7. Deja secar la pieza en una superficie plana y alejada del sol, para que no se agriete.
8. Una vez esté lista puedes decidir si pintarla o no... ahí ya dejas volar tu imaginación.

Puedes crear piezas de cerámica para decorar tu árbol de Navidad. Los moldes de galletas son muy útiles para dar forma a las piezas de cerámica.

PLANTAS RARAS

Me considero una persona curiosa, y con las plantas es un no acabar, cada día descubro alguna especie nueva y toda planta rara que llega a mis manos es un aporte de conocimientos y experiencias.

Las **plantas carnívoras** me cautivaron rápidamente, de lo más impactante, auténtico y único. Casi crueles y, a la vez, dignas de admirar, obras de ingeniería adaptadas al medio. Estas plantas segregan un néctar que atrae a sus presas hacia una trampa mortal. Una vez caen en sus redes, ya no pueden salir.

Las *Droseras*: sus hojas tipo frondas tienen una especie de tentáculos que se pegan a sus presas, se enroscan sobre sí mismas y las consumen.

Las *Dionaeas*: su sistema es como una celda, la trampa se activa cuando el insecto toca los cilios sensores, y no vuelve a abrirse hasta que lo consume por completo.

Las *Nepenthes* son mis favoritas, tienen unas jarras que alcanzan tamaños exagerados, atraen a los insectos al interior de los odres y los deshacen con sus néctares. Las que yo cultivo están llenas de avispas.

Si te animas con ellas, descubrirás un mundo único y muy interesante. Ubícalas en una zona iluminada, suelen tolerar algo de sol directo, aunque eso incrementará su color rojizo. No son exquisitas con el sustrato, ya que captan los nutrientes de los insectos que caen en sus redes. Con que el sustrato retenga humedad, es suficiente. Es aconsejable regarlas con agua de lluvia o destilada. Las *Nepenthes* deben contener un tercio de agua en el interior de sus jarras.

La **mimosa sensitiva** o *Mimosa pudica* es una planta arbustiva sensible al tacto y a la luz. Son curiosas, preciosas y casi tímidas. Por el día lucen estiradas y por la noche se encogen completamente. Si las tocas, se cierran poco a poco, como si fuera una reacción a cámara lenta. Es un mecanismo de autodefensa ante los depredadores: al encogerse dejan ver los pinchos que cubren sus tallos.

Plantas raras

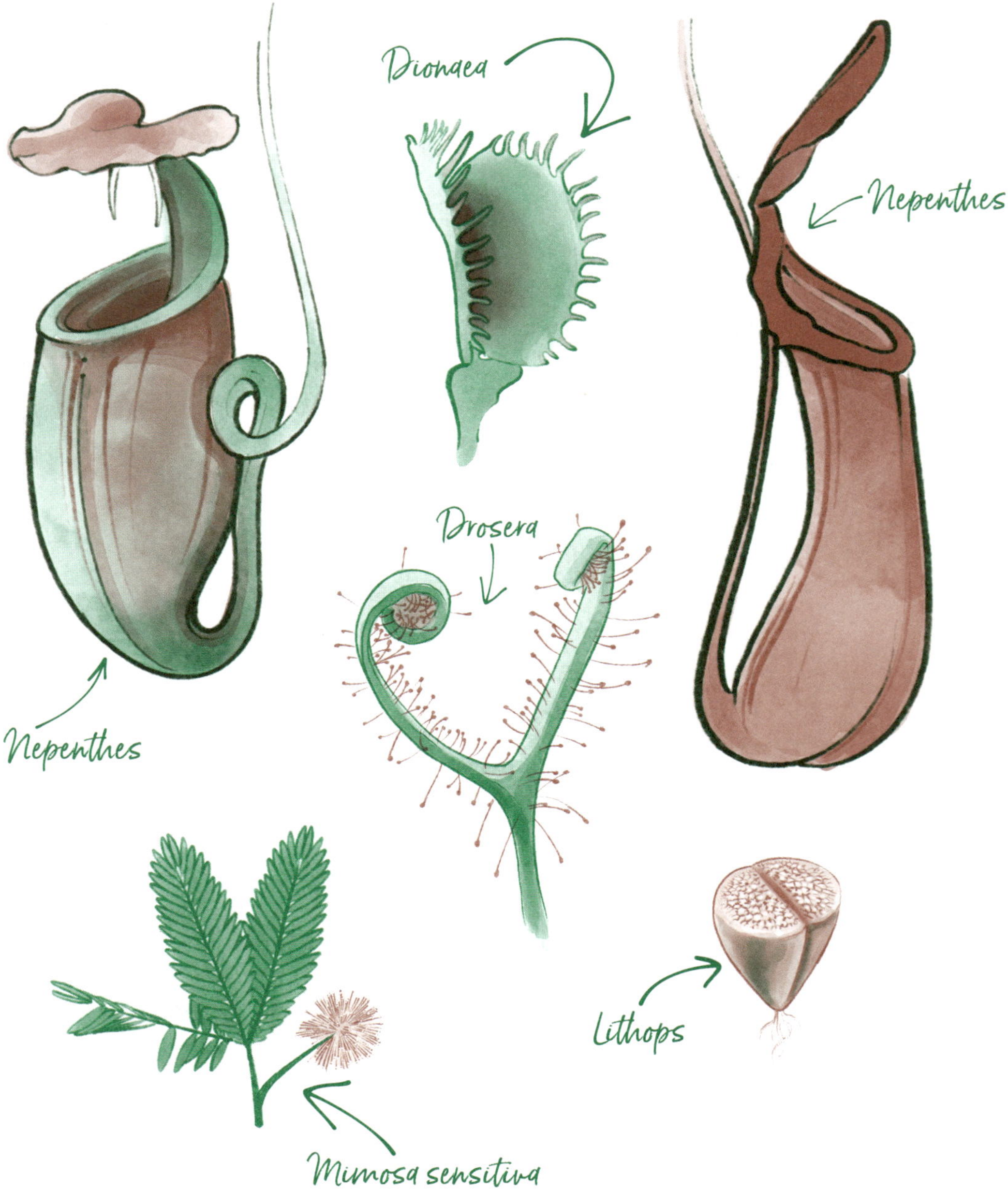

Necesita horas de sol para florecer, compensadas con semisombra. Abónala en primavera y verás sus flores en forma de pompones rosados con destellos de purpurina.

El sustrato siempre debe estar húmedo y conviene plantarlas en macetas grandes ya que desarrollan muchas raíces. No toleran las heladas. Ni se deben estresar por sus movimientos; de lo contrario, perderán energía y morirán.

Las flores, al consumirse, suelen traer semillas. Puedes retirar fácilmente los capullos que las contienen, dejarlas secar y volver a plantarlas a principio de primavera (véase «Cómo germinar una semilla» en p. 52).

Los ***Lithops*** son un género de plantas suculentas pertenecientes a la familia *Aizoaceae* nativas de África. Se las llama «piedras vivas» o «plantas piedra» debido a que presentan una apariencia que las hace prácticamente indistinguibles de las piedras de su entorno; se trata de una adaptación evolutiva (denominada «cripsis») que les permite camuflarse ante posibles depredadores.

Su cultivo es relativamente fácil, necesitan buena iluminación y aireación, un sustrato muy mineral y seguir unas pautas concretas de riego. De marzo a noviembre las riego cada 15 días, y de diciembre a marzo las dejo descansar. Forma parte de su ciclo vital.

Todo lo que voy aprendiendo sobre los *Lithops* es gracias a Manuel Muñoz, de @manolithops_ , que tiene un perfil exclusivo sobre el tema y ha publicado un libro muy completo de cultivo.

Algunas plantas tienen una posición por el día y otra muy distinta por la noche, como es el caso de las calateas. Ese movimiento en respuesta a estímulos de luz, temperatura y humedad se llama **nictinastia**. Cuando el cambio se debe solo a la luz, como ocurre con las *Oxalis*, se denomina **movimiento fotonástico**.

TUS 5 MINUTOS

El invierno provoca en mí lo que la falta de luz a las plantas. Cuando estas no reciben luz suficiente o llega la época invernal, entran en periodos de dormancia para compensar la escasez de sol y el descenso de las temperaturas.

¿Qué significa eso?

Significa que son tan listas y evolucionadas que ellas mismas reducen su actividad de crecimiento y desarrollo, ahorrando fuerzas y recargando pilas para la explosión vital que se avecina en primavera,

estación donde se juegan el todo por el todo para continuar su existencia. El típico «nace, crece, se reproduce y muere».

Pues a mí me pasa igual, el frío y la poca luz solar hacen que yo no fluya bien, siento que me estanco, que no avanzo, que no recargo... Tengo la sensación de que no llego a todo y que me faltan horas al día. Tengo la sensación de llevar el reloj interno atrasado y me invade una pena extraña por no sentirme yo misma, por no conseguir recargar a tope las baterías.

Con el tiempo, he aprendido a aceptar, a quererme y a entender que no es el momento de exigirse, sino de frenar esas sensaciones y tomarse las cosas con calma. Ahora sé que es otra etapa de mi proceso de crecimiento.

En estas fechas me rindo al relax y pongo color a los días grises haciendo planes con olor a galletas, palomitas y pelis de aventuras estilo *Los Goonies*.

Para galletas ricas las que preparamos con mi amiga Iris cuando viene a casa...

Las galletas de Iris (Iris Duran @irisduran)

- Preparación: 5 minutos
- Cocción: 10 minutos

Ingredientes
(para 10 a 15 galletas)

- 250 g de harina
- 125 g de azúcar de caña
- 125 g de mantequilla
- 1 huevo
- ½ sobre de levadura
- Un pellizco de sal

- 2 cucharadas de miel
- Pepitas de chocolate al gusto

Paso a paso:

1. Bate el huevo y ve incorporando el azúcar de caña, la sal, la miel y la mantequilla a temperatura ambiente con una varilla manual hasta que quede una masa homogénea.
2. Añade poco a poco la harina y la levadura removiendo con una cuchara de madera para ir creando la masa.
3. Agrégale las pepitas o trocitos del chocolate que más te guste. En mi casa somos muy golosos y solemos mezclar chocolate negro y chocolate blanco.
4. Enciende el horno a 220 °C para que se vaya calentando mientras haces bolitas con la masa.
5. Coloca las bolitas sobre un papel de hornear y aplástalas ligeramente con las manos dejando bastante separación entre ellas. Una vez aplastadas, ya puedes ponerlas sobre la rejilla.
6. Introduce la rejilla en el nivel inferior de tu horno (lo más abajo que puedas).
7. Hornéalas entre 8 y 10 minutos, dependiendo de si te gustan blanditas o crujientes.

Aguantan entre 7 y 10 días en un recipiente bien cerrado, pero en mi casa no duran más de 2 días...

AL AIRE LIBRE

Solemos pasar las Navidades en casa, y en esas fechas nos visita nuestro Papá Noel particular: Jor, la persona más divertida y buena que conozco.

Somos amigos desde hace más de diez años, y en ese tiempo la vida nos ha unido más que si fuéramos hermanos. Cuando Jor viene a casa, nos alegra en todos los sentidos; el día a día es fácil estando juntos. Dani y él tienen una química perfecta, nos reímos juntos largo y tendido, y Jon disfruta del tito Jor y de los largos paseos desde la montaña hasta la playa con nuestra sobrina peluda Mer (de Mer-

cury), una beagle que nos pone ojitos a todos. Es increíble la energía que desprende. ¡Nunca se cansa! Con esas orejas tan graciosas y alocadas que tiene, hacerle fotos en movimiento es muy divertido. Pero he de tener cuidado con ella porque también les hace ojitos a mis plantas y se ha zampado más de una. Los *Lithops* y las plantas acuáticas son sus favoritas (imagínate ahora mismo mi cara cual emoji de pena) (véase «Plantas aptas para mascotas» en p. 188).

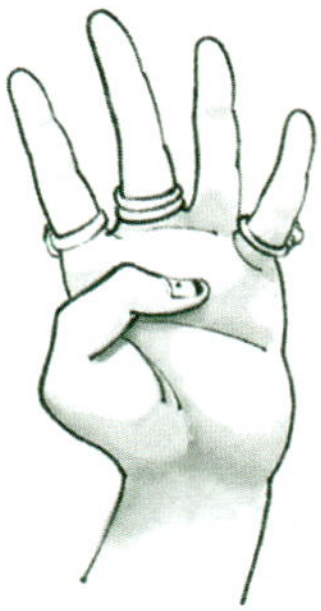

El clima de diciembre no nos da mucha tregua para disfrutar del exterior sin acabar empapados, la *poalla* es *made in* Galicia como la morriña, y aprovechamos las horas en casa haciendo maratones de series malas, cocinando mientras catamos vinos y nos inventamos personajes imaginarios (en plan Chef Chevere), o nuevos chistes, como el meme de las tres piscinas.

Jor me enseñó a disfrutar del silencio cuando estás en compañía, pues hubo un tiempo en que me costaba estar callada, y las palabras sobran cuando hablan las miradas. Cuando estamos juntos, lo normal se vuelve especial.

¿Y tú cómo disfrutas del aire libre en invierno?

TIPS: PLANTAS APTAS PARA MASCOTAS

Si tienes animales en casa debes ser consciente de que algunas de las plantas que es posible tener en el interior pueden ser venenosas para ellos.

Algunas de estas plantas son venenosas por contacto y otras si se ingieren. Las *Monsteras* o *Philodendron* suelen contener oxalato de calcio, que es bastante perjudicial para nuestros amigos peludos.

Los animales son curiosos por naturaleza y muchos de ellos utilizan plantas para purgarse o para jugar, así que si tienes alguna de estas especies es importante que las pongas fuera de su alcance. Aprovecha para colgarlas o ubicarlas en las zonas más altas de las estanterías.

En caso de que dudes de si tu mascota ha consumido alguna de estas plantas, llévala al veterinario. ¡Más vale prevenir!

Plantas tóxicas: dieffenbachia, áloe, hiedras, potos, flor de Pascua, acebo, *Monsteras*, ricino.

Plantas aptas: calateas, peperomias, bromelias, ceropegias, pileas, arecas, beaucarneas, kentias, marantas.

Plantas tóxicas para mascotas

HERBARIO

En esta página me gustaría proponerte que buscaras plantas típicas de temporada: acebo, pino...

Continúa aquí tu herbario

REUTILIZA Y RECICLA: PAPEL USADO

Cuando se acerca el fin de año, solemos hacer una valoración general y nos acordamos de las personas más especiales. Tener un detalle con ellos a modo de postal puede sacarles una sonrisa. En la era digital, seguir usando el correo postal es revolucionario y son cosas que, por desgracia, se están perdiendo. Nos acomodamos y nos cuesta hasta bajar a echar la carta en el buzón.

Mi amigo Ismael es la persona que conozco que más cartas me ha escrito y más postales me ha enviado, y cada vez que el cartero me entrega correspondencia suya, surge en mí algo muy mágico y emotivo. Esa sensación entra en contacto con su tiempo y su cariño, y me hace sentir muy especial.

Te invito a que recicles tu propio papel y crees alguna postal para esas personas especiales que hacen tus días más bonitos solo con su presencia, esas que incluso estando lejos sientes tan cerca.

CÓMO RECICLAR TU PROPIO PAPEL

Ten en cuenta que el color del papel que obtengas no será blanco, ya que cuesta eliminar las tintas, pero eso le dará precisamente ese toque más natural.

A mitad del proceso, puedes aportar tu propia inspiración de color o texturas al papel con flores, semillas, etc.

Materiales:

- Papel usado
- Tijeras

- Batidora
- Marco de fotos y rejilla, o un bastidor
- Un recipiente tipo táper del tamaño del marco
- Fieltro (o tela vieja de algodón) y papel de periódico
- Agua

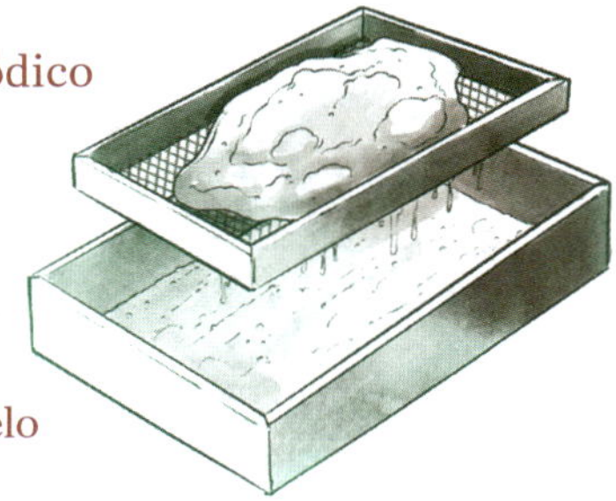

Paso a paso:

1. Llena el recipiente con agua tibia.
2. Corta el papel usado en trozos pequeños y sumérgelo en el agua.
3. Déjalo en remojo durante 2 horas, para que el papel se deshaga.
4. Pasado ese tiempo, introduce la mezcla en la batidora con un chorrito más de agua y bate hasta conseguir una masa homogénea.
5. Cuando esté listo, introduce la pasta de papel en el otro recipiente, que tiene que estar pastoso.
6. En este momento puedes agregar tinte alimentario, aceite perfumado, flores o semillas para incrementar la personalidad del papel.
7. Coloca el marco o bastidor sobre el recipiente y húndelo. Al levantarlo un poco, parte de la pulpa estará en la rejilla. Acomódala para que cubra toda la zona.
8. Coloca el trozo de fieltro sobre la pulpa de papel ejerciendo presión sobre ella para eliminar más cantidad de agua. Escúrrelo sin dañar las formas.
9. Ayúdate del fieltro para darle la vuelta y colócalo sobre una superficie plana.
10. Cubre la hoja de papel reciclado con otro trozo de fieltro para absorber el agua. Y añade una capa de papel de periódico a modo de sándwich.
11. Pon algunos libros encima para que quede bien aplastado y se vaya secando en esa forma.
12. Después de 2 días ya estará listo para usar.
13. Una vez lo tengas seco, puedes darle la forma que desees. Recorta la hoja de papel si ves que es necesario o mantén los bordes al natural.

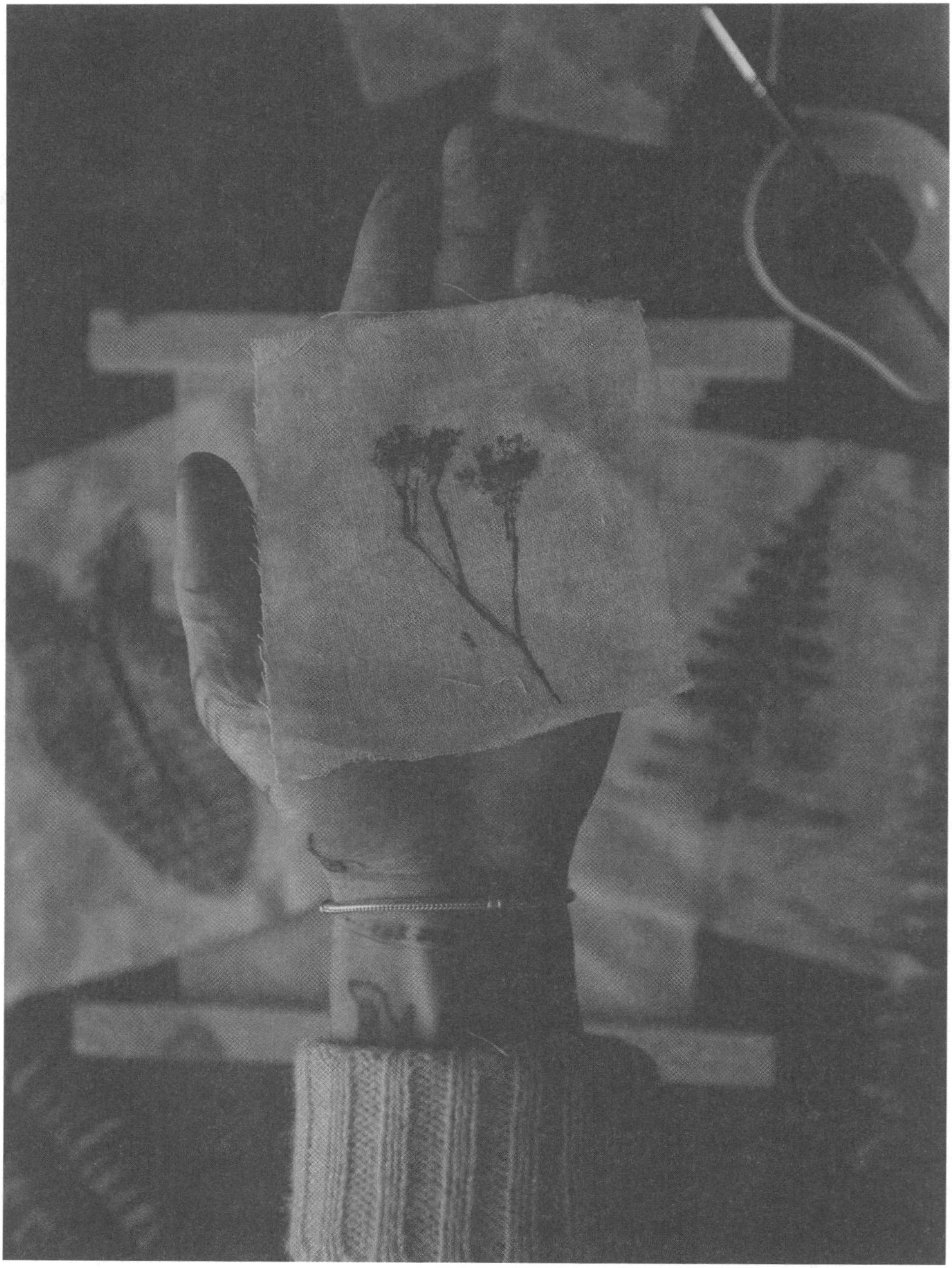

ESTAMPACIÓN VEGETAL CON TINTA EN PAPEL

Materiales:

- Hojas
- Tinta
- Esponja
- Papel
- Tela vieja
- Libro para hacer presión
- Guantes

Paso a paso:

1. Te recomiendo que te pongas unos guantes para protegerte la piel de las manos. Selecciona las hojas que quieres estampar y, con mucho cuidado, reparte un poco de tinta con la esponja sobre la parte que quieras plasmar y dejar su huella sobre el papel.
2. Coloca la hoja sobre el papel, pon la tela encima y haz presión con un libro.
3. Solo se requiere un poco de presión; si te excedes, la hoja puede moverse y deformarse.
4. Te aconsejo que pruebes y practiques la técnica varias veces antes de estampar el papel definitivo.
5. También puedes estampar las hojas en tejidos, pero para eso necesitarás una tinta especial que no se vaya con los lavados.

CARTA A TU YO DEL FUTURO

Te reto a que dejes un mensaje a tu yo del futuro. También puedes usarlo para marcarte metas o nuevos propósitos personales de aprendizaje o, simplemente, de disfrute. El caso es que te motive a hacer o aprender algo nuevo por y para ti mismo.

Con las flores que has ido recogiendo a lo largo de las estaciones seguro que te sale una composición preciosa. Busca una botella de cristal pequeña, de esas de tapón de corcho, y llénala de buenas intenciones hacia ti mismo. Escribe tu deseo en un papelito, mételo en la botella y hazlo realidad.

Quiérete, cuídate y hazlo ya, lo antes posible.

No pierdas tiempo. El tiempo pasa, corre, vuela, no se detiene ni se recupera.

Vive la vida siendo, en vez de queriendo ser.

Ser uno mismo nunca pasa de moda (si es que eso te preocupa).

Es hora de valorar lo increíblemente auténtico, único e irrepetible que eres.

Olvida los estándares y VALÓRATE, RESPÉTATE, DISFRÚTATE.

Tienes todo un año para construir algo nuevo dentro de ti, para cultivar tu persona llenándola de energía y motivación.

En mi botella de este año seguro que pido que este libro te haya gustado.

Rellénalo tú

AGRADECIMIENTOS

Gracias a todos los que a diario, y a lo largo de los años, confiáis en mí de un modo u otro y me brindáis vuestro tiempo, cariño y apoyo, haciendo de esta una gran comunidad.

A mi editora, Alba Adell, porque gracias a su instinto y confianza hizo realidad uno de mis sueños.

A toda la gente que hay detrás de cada fibra de este libro, en especial al equipo de Grijalbo/Penguin.

A Daniel, mi marido, por su paciencia conmigo para ilustrar este libro y hacerlo aún más especial.

A Marta y Alba, por su amistad con sabor a verde y a vinoterapia online. Las plantas unen.

A DaDaBanker, Lore, Jor..., gracias por ser y estar siempre. Os quiero.

Un cariño especial para todos los que durante el verano de 2021, mientras escribía este libro, nos habéis visitado en VillaFlow aportándonos risas, buena vibra, cariño e inspiración.

Gracias por dedicarnos vuestro tiempo.

Lloro, ¡y lo sabéis!

PERFILES INSPIRADORES

Alba Núñez, bióloga
@verdopolis
@clubverdopolis – contenidos botánicos para que convirtáis vuestros hogares en junglas

Marta Coruxeira, *plantlover collector*
@losroco

Pancho Doren y Jesús Monteagudo, Casa Protea Plant Collectors Studio
@casaprotea

Cecilia Bernard y Meena Ferrea, Compañía botánica
@ciabotanica

Marta Rosique, ambientóloga
@planteaenverde

Santiago Beruete, escritor, antropólogo y filósofo
@santiago_beruete

Ana Álvarez y Rubén de Pablo, Floritismo
@floritismo

Iñigo Segurola Arregui, paisajista
@iñigo_segurola_arregui

Cé Rodríguez, Huerto Urbano
@en20metros

Manuel Muñoz García, matemático y cultivador de Lithops
@manolithops_

La isla de Tali, refugio interespecie
@laisladetali

Noelia Alonso, estilo de vida zero waste y naturaleza
@noelia__alonso_c
@noel_i_a_m

Marta Damars, mamá de tres, amante de plantas y animales
@martadamars
@bydamars

Loren Casas, ilustradora
@thomasalm3ida

Iris Duran, joyas botánicas
@irisduran
@son_alma_

Mis macetas favoritas

Japoncetas de Daniel Vereda
@danidilatas

Tetitas de Eva Zurita
@evazurita

Pez Fugu de Bloody Lulies
@bloodylulies

Serie Pincho y Erizo de Botánico Ático
@botanicoaticoshop

VIVEROS Y JARDINES

Un recuerdo que nunca olvidaré fue cuando llevé a mi hijo con cuatro años a que se subiera en el nenúfar gigante Victoria del Jardín Botánico de Brunswick. Como dato, aguantan unos treinta kilos de peso

Mis primeros paseos de vivero en compañía de Steffi Gutacker en el @Gartnerei.Volk; allí empezó todo

El vivero top de mi ciudad, Manuel, Paco y todo el equipo de Casaplanta Ramallosa
@casaplantaramallosa

El jardín de helechos de Donas-Gondomar
@angel_covelo_helechos

Kew Garden (Londres), un jardín botánico que quiero conocer *as soon as possible*
@kewgardens

La Concepción, Jardín Botánico-Histórico de Málaga, uno al que quiero volver
@jardin_la_concepcion

Recorta tu marcapáginas